おおたにめぐみ

南フランスの白い刺繍　ブティ

JN014585

誠文堂新光社

はじめに

Préface

ブティとは、南フランスに伝わる刺繍の伝統技法です。
Broderie en relief（立体刺繍・レリーフ刺繍）のひとつで「布の彫刻」と呼ばれています。
2019年、ブティはフランスの無形文化遺産に登録されました。

ブティの技法は独特です。
まず2枚の白いコットン生地を重ね、模様にステッチを施した後、その2枚の布の間にコットンの詰め糸を通して立体的にモチーフを浮かび上がらせます。
ブティの作り出す立体的な表面は、光に翳すと彫刻のような陰影を生み、ときに清らかな、ときに憂いを帯びた美しさを見せてくれます。

南フランスの鋭く刺すような陽光のもとで見たブティは、布ではない何か硬質なもののようで、石膏像のように凛としていました。
強い光が作り出す影は深く暗く、くっきりと縁取られて、ブティのドラマチックな表情に心を奪われたのを覚えています。

この本は、先人たちの知恵と技法の上に、私の個人的体験から得た着想を加えたものとなっています。
ステッチをして、詰めて、だんだん立体的になっていくブティを作る楽しさ、完成して心躍るひとときを一人でも多くの方にお届けできれば幸いです。
ぜひ小さなものから作りはじめてみてください。

おおたにめぐみ

ブティの歴史

ブティの歴史は古く、14世紀後半に作られた現存する最も古いタピスリーのひとつ、トリスタンキルトにその原型を見ることができます。フィレンツェの貴族の注文によりシチリアの工房で作られた麻のトリスタンキルトはトリスタン物語をモチーフとした壮大な作品です。剣を持って戦う騎士や船を漕ぐ人々、勇壮な馬や城など、物語のシーンが絵巻物さながらにドラマチックに描かれています。トリスタンキルトはブティだけでなくトラプントなど類似の技法を使ったテキスタイルの原型とも言われています。

ヨーロッパでは綿が育たないため、布といえば毛織物、シルク、麻でしたが、大航海時代を迎えたヨーロッパにはそれまでは馴染みのなかったコットンがインドから多く輸入されるようになりました。

東方との交易で繁栄したマルセイユの港にはコットンのみならず、たくさんの布が集まり、独自のテキスタイル文化が生まれました。そのひとつが16世紀から18世紀中頃まで作られていたブティの前身であるピキュール・ドゥ・マルセイユ [piqûre de Marseille] です。

なかでも、細い線状の模様で構成されたものはヴェルミキュレ [vermiculé] と呼ばれます。ピキュール・ドゥ・マルセイユはとても細かいポワン・ド・ピキュール（point de piqûre バックステッチ）でステッチされ、細いコットンの詰め糸を詰めて作られました。

熟練のお針子たちによって作られた繊細なピキュール・ドゥ・マルセイユは、ヨーロッパ各地の王侯貴族の装飾品として人気を博しました。

同時期にはアンディエンヌ（インドのコットンプリント生地、インド更紗）も大流行しました。そのため、コットンの輸入により打撃を受けた毛織物・絹織物などの伝統産業からの反発にあい、1686年、綿織物禁令が出されることとなります。この禁令は1759年まで70年以上も続きました。

禁令の下でもコットンの人気は完全には絶えませんでしたが、マルセイユ港の船荷の綿花を原因としたペストの大流行もあり、ピキュール・ドゥ・マルセイユは次第に衰退していきました。

綿織物禁令が解除されたのち、1765年以降、ピキュール・ドゥ・マルセイユと比べるとボリュームがありふっくらとしたモチーフのブティが作られるようになります。この年、マルセイユでの製造特権が廃止され、ニーム、アヴィニョン、オランジュなどの工房でも自由に作られるようになりました。

その後、革命の混乱期を経て19世紀になると婚礼用のペチコート、ベッドカバー、ペタソン（おくるみ）などが作られるようになりました。モチーフには意味が込められ、幸せを願って縫われたブティはやがて南フランスの伝統となります。

その後、時代とともにブティは忘れ去られてしまいましたが、伝統文化や手仕事が見直された1980年代、南フランスの女性たちが再びブティを作る活動をはじめ、長らく忘れ去られていたブティを甦らせました。

この伝統技法を守るため、今も各地で作家・愛好家が情熱を持って活動しています。

ブティのシンボルと意味

図案に使用されるモチーフには、意味があります。
想いや願いを込めながら、描いてみてください。

小麦
|
[収穫、豊穣、繁栄]

ヤドリギ
|
[健康]

矢車菊
|
[軽やかさ、繊細さ、昔の
ブティによく使われたモチーフ]

ぶどう
|
[不滅]

マーガレット
|
[純粋さ]

オリーブ
|
[平和]

colombe

鳩

|

[　愛、忠誠　]

Coquille Saint-Jacques

ホタテ貝

|

[　歓待、もてなし（サンティアゴ・
デ・コンポステラに祀られる
聖ヤコブのシンボル）　]

muguet

すずらん

|

[　苦しみの終わりを知らせる。
平穏が戻ること　]

violette

すみれ

|

[　慎み深さ、謙遜、憂愁　]

cygne

白鳥

|

[　光と命を運んでくる愛の鳥　]

guirlande

花輪模様（ガーランド）

|

[　結びつきの象徴　]

目次

Sommaire

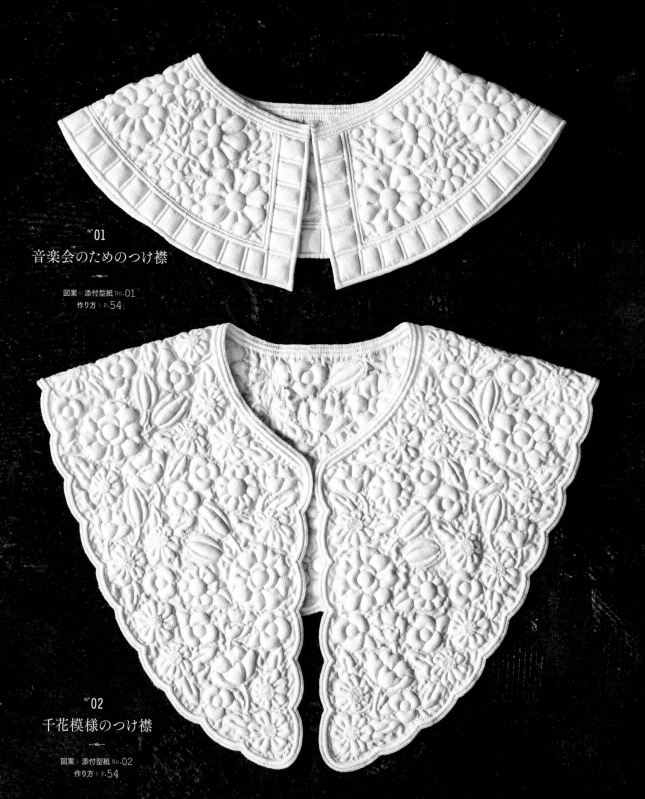

Nº 01
音楽会のためのつけ襟
—
図案 ▷ 添付型紙 №.01
作り方 ▷ P.54

Nº 02
千花模様のつけ襟
—
図案 ▷ 添付型紙 №.02
作り方 ▷ P.54

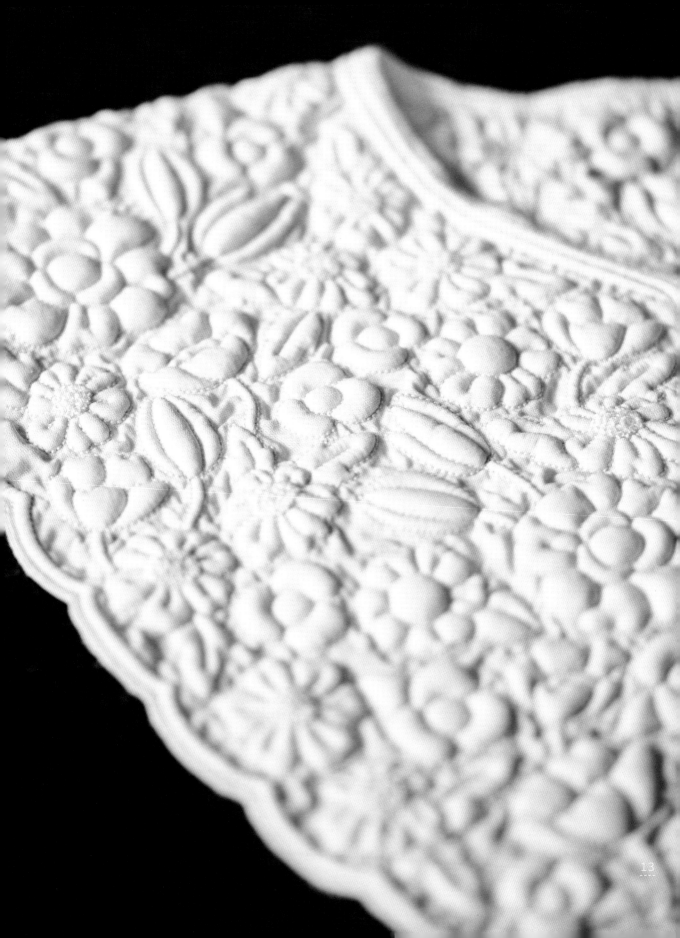

N° 03

マーガレットのヴァニティ

--- ⋙ ---

図案 ▷ 添付型紙 No.03
作り方 ▷ P.55

N°04

マーガレットのポーチ

—〰—

図案 ▷ P.59
作り方 ▷ P.58

N° 05

ナイトフロックスのバッグ

—

図案 ▷ 添付型紙 № 05
作り方 ▷ P.60

N° 06

ナイトフロックスのポーチ

～

図案 ▷ P.63
作り方 ▷ P.62

09

10

^{N°}09
旅のためのポーチ
—m—

^{N°}10
ポワン・ドゥ・ヴォヴェールのポーチ
—m—

図案▷添付型紙 No.09
作り方▷P.68

図案▷P.70-71
作り方▷P.69

巾着バッグ［Le zootrope］

図案 ▷ 添付型紙 №.11
作り方 ▷ p.74

N°12

小さな巾着
⌁

図楽 ▷ P.79
作り方 ▷ P.77

13

14
15

N° 13	N° 14	N° 15
ブローチ	ニードルケース	ビスコーニュ
図案 ▷ P.81	図案 ▷ P.83	図案 ▷ P.85
作り方 ▷ P.80	作り方 ▷ P.82	作り方 ▷ P.84

N°16
花を入れるバッグ
—w—

図案▶添付型紙 №.16
作り方▶P.86

N°17
小さな四角
〜〜〜
図案 ▷ P.87
作り方 ▷ P.87

N°18
植物採集［野ばら］

図案 ▷ P.88
作り方 ▷ P.88

N°19
植物採集［アネモネ］

図案 ▷ P.89
作り方 ▷ P.89

テーブルセンター
—✦—

図案 ▷ 添付型紙 No.20
作り方 ▷ P.90

スタソン［植物園］

Nº22
パンかごのためのカバー
—ᴡ—

図案 ▸ 添付型紙 No.22
作り方 ▸ P.91

リングピロー

図案 ▷ 添付型紙 №.25
作り方 ▷ P.93

*La technique
du
boutis*

ブティのテクニック

— *Sommaire* —

ブティに必要な道具と材料

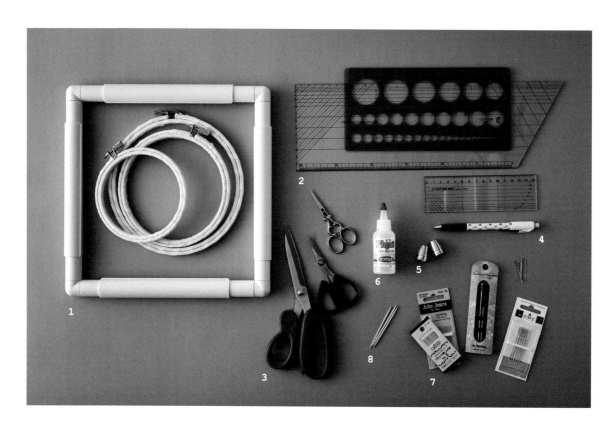

― 道具 ―

1. 刺繍枠
縫うときは15cmまで、糸を詰めるときは作品の大きさに合わせたサイズを使用します。写真は布を巻いた12cm、15cm、18cm、DMCスクエアーフープ28cmの刺繍枠です。

2. 定規、テンプレート
作品の大きさに合わせて、15cmや30cmなど。図案の円は、テンプレートを使用するときれいな丸を描くことができます。

3. はさみ
糸切りばさみ、裁ちばさみなど切れ味の良いものを使用しましょう。詰め糸をカットするはさみは反り刃がおすすめ。

4. 布用シャープペンシル
図案を写す際に使用します。芯は黒がおすすめ。普通の鉛筆でも代用できます。

5. シンブル
ランニングステッチの際、指を守るために使います。両手中指につけるため、2個用意しましょう。

6. ほつれ止め液
端を三つ折り縫いする際に8mmのぬいしろに塗り、布がほつれないようにします。縫いやすくなるので、あると便利です。

7. 針、まち針
キルト糸でステッチするときはJohn Jamesキルト針10番、アブローダー刺繍糸やその他の刺繍糸でステッチするときはクロバー刺繍針8番を使用しています。詰め糸にはDMCタペストリー針18番と22番。長い直線を詰めるときは、長い針を使ってもOK。まち針は、図案を写すときや仕立てなどに使います。

8. 楊枝
詰め糸の端を押し込むときに使用します。

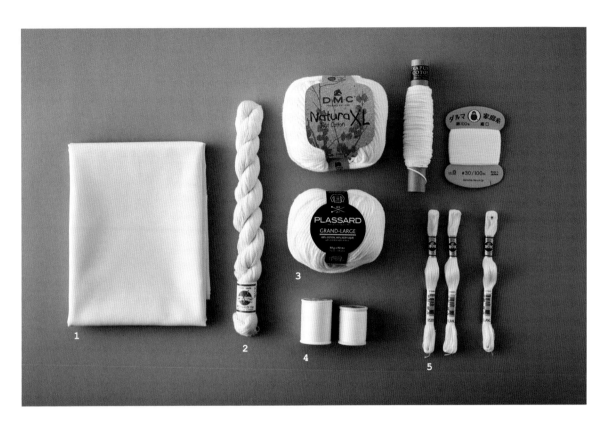

― 材料 ―

1. 布
コットンバチストを使用。薄手の平織り
コットンや綿ローンも使えます。

2. しつけ糸
2枚の布がずれないようにするためのし
つけ糸は、白や生成を選びましょう。

3. 詰め糸
コットンとアクリルの混紡の詰め糸はふ
んわりとした仕上がりになるので、初心
者におすすめです。コットン100%の詰
め糸はしっかりとした仕上がりになりま

す。本誌では、DMC ナチュラ XL 01番
（コットン100%）、Plassard GRAND
LARGE 028番（コットン60%、アクリル
40%）、フジックス トラプントコトーネ
（コットン100%）を使用しています。

4. キルト糸
横田株式会社 COATS & CLARK
#260 1番、フジックス パッチワークコト
ン 001番（コットン100%）を使用してい
ます。パッチワークコトンは細い糸なの
で繊細な作品に使っています。

5. 刺繍糸
DMC アブローダー25番、30番を使用。
30番は糸が細いので繊細な作品に使用
しています。色はBLANCとB5200、お好
みで。BLANCは時間の経過で風合い
や色が変化し、B5200は白く保たれる加
工がされています。丈夫なダルマ家庭糸
〈細口〉は、アブローダーと同じように使
います。

ブティは、2枚の平織りの白い布を重ね、ステッチで図案の模様を刺したあと、その2枚の間にコットンの詰め糸を通して立体的にする技法です。基本のステッチはランニングステッチとバックステッチです。端の処理でブランケットステッチを使用することもあります。サテンステッチ、フレンチノットステッチなどその他のステッチはアクセント的に使います。ステッチは全て表で作業します。
※見やすいように色糸を使用しています。

ランニングステッチ　針＝キルト針　糸＝キルト糸1本どり

最も基本となるステッチです。作品全部をランニングステッチで刺すこともあります。
この本では背景の部分によく使用しています。両手中指にシンブルをつけることを忘れずに。

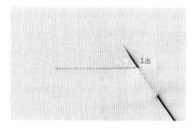

1／布地の表から刺す。糸端に玉結び（1回）をし、刺したい部分から少し離れたところの表布のみをすくい、2枚の間に針を入れ、端からほんの少し進んだ1から出す。糸を引き、玉結びは2枚の布の間に入れておく。

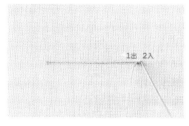

2／1のすぐ横の2に針を入れて小さく返し針をする。ここからは表布と裏布2枚とも貫いて刺す。

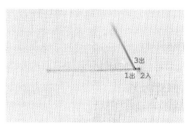

3／1の穴から織糸1本ほどずらした3から針を出す。

4／左手中指にはめたシンブルを布地の裏から当て、針先を当て、2枚の生地を貫いていることを確認しながら細かく刺していく。

5／シンブルに針が垂直に当たるようにするとしっかりと刺すことができる。

6／慣れてきたら、右のシンブルに針頭を当て、左のシンブルに針先が当たったら針を返すようにして進む。

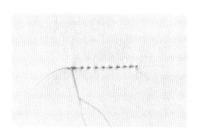

7／最後は、返し針をする。

8／端の穴から針を出す。

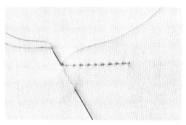

9／玉止めをしたら、8と同じ穴に針を入れ、玉止めを2枚の生地の間に引き入れて少し離れた場所から針を出す。糸端を切る。

バックステッチ

針＝刺繍針　糸＝アブローダー刺繍糸やダルマ家庭糸〈細口〉などコットンの糸（堅牢な糸）1本どり

図案のなかでも主役のモチーフや目立たせたい部分に使用しています。

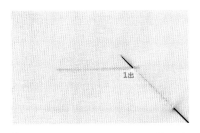

1 / 布地の表から刺す。糸端に玉結び（1回）をし、刺したい部分から少し離れたところの表布のみをすくい、2枚の間に針を入れ、1針分あけた1から針を出す。

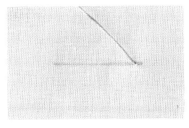

2 / 糸を引っ張り、玉結びを2枚の布の間に入れる。

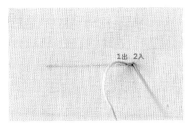

3 / 1針分戻って、2に針を入れる。

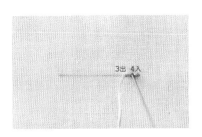

4 / また1針分あけて3から針を出し、4に針を入れる。※必ず同じ穴に戻るよう注意する。

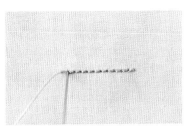

5 / これを繰り返し、端まで刺す。

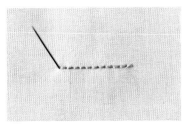

6 / 最後は、端の穴から針を出す。

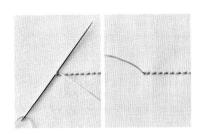

7 / 玉止めをする。

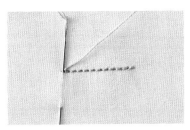

8 / 6で出た穴と同じ穴に針を2枚の間に入れ、少し離れたところから針を出す。

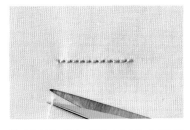

9 / 糸を引っ張り、玉止めを2枚の布の間に入れ、はさみで糸端を切る。

サテンステッチ

針＝刺繍針　糸＝各作り方ページの指定の糸　各ページ指定の本数

糸を詰めるのが困難な小さな丸はサテンステッチで刺すとアクセントになります。

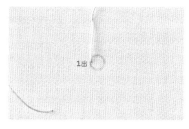

1／ 布地の表から刺す。図案の丸から少し離れたところに針を入れ、糸端を針の長さの2倍ほど残し、1から針を出す。この残した糸は捨て糸といい後から処理する。

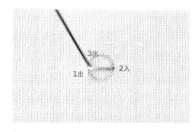

2／ 1から出して2に入れ、中心に1本ステッチを入れたら3から出す。

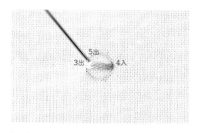

3／ 3から出したら4に入れ、5から出す。これを繰り返し、上半分を刺す。

4／ 半分刺せたら、刺繍枠を裏に返し、裏の糸にくぐらせて刺繍枠を表にかえす。1のすぐ下に針を出し、同様に下半分を刺す。

5／ 丸を刺し終えたところ。

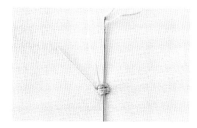

6／ 刺繍枠を裏に返し、裏の糸に2回からげて糸を切る。

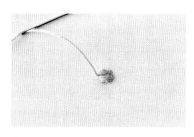

7／ はじめに残しておいた捨て糸を裏に出し、針に通す。

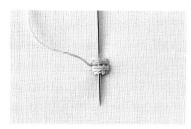

8／ 裏の糸に2回からげて糸を切る。

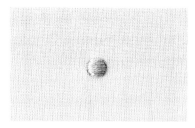

9／ サテンステッチができたところ。

フレンチノットステッチ

針＝刺繍針　糸＝各作り方ページの指定の糸　各ページ指定の本数

部分的に使用することで、ぼこぼことしたステッチの表情が生きてきます。ふっくらとした部分とは異なる
テクスチャーを表現できます。この本では花の芯の部分に連続したフレンチノットステッチを刺しています。

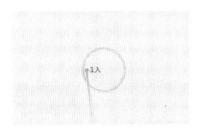

1／布地の表から刺す。図案の丸の線の
　少し内側の1に針を入れる。

2／1のすぐ近く、2から針を出す。糸端は
　短めに残しておく。

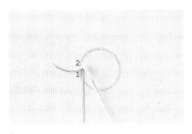

3／1の糸を割るように針を落として、すぐ
　近くから針を表に出す。これを繰り返
　し、合計3回小さく縫い込んで糸を止める。

4／糸端は切っておく。

5／1のすぐ近くから針を表に出し、針に
　糸を指定の回数巻く（今回は2回巻
　き）。

6／5で出たところの近くに針を刺す。巻い
　た糸を引いて、形を整えてから針を落
　とす。

7／結び目（ノット）がひとつできたところ。
　ステッチひとつ分あけて針を出し2つ
　目を刺す。

8／ステッチしたい部分に、繰り返し刺し
　ていく。

9／最後は、根元のすぐ近くから針を出す。
　刺しはじめと同様に3回小さく縫い込
　み、糸を表に出す。

10／糸を根元でカットする。難しい場合
　は裏で糸をカットしてもOK。

La technique du tricot　プティのステッチ

デタッチドブランケットステッチ

針：刺繍針、糸：アブローダー刺繍糸、ダルマ家庭糸〈細口〉　1本どり

巾着のひも通しをブランケットステッチで作ります。主にカットワークで用いられるテクニックです。

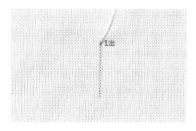

1／玉結びした糸を1から表に出す。

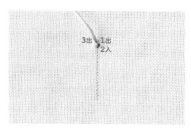

2／1のすぐ近くの2に針を入れ、再び表に出して、前の縫い目を割るように3から出し合計3回小さく縫い込み糸を止める。

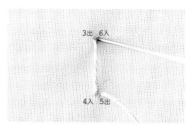

3／3から出した針を4に入れ、すぐ近くの5から出して6に入れる。糸が2本渡った状態になる。

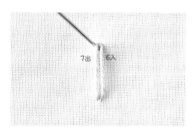

4／6に針を入れた後、7から出す。

5／針の頭から2本の糸の下に針をくぐらせ、糸の上に針がくるように手前に引き、ブランケットステッチしていく。

6／ブランケットステッチを繰り返し、2本の糸の端まで巻いていく。

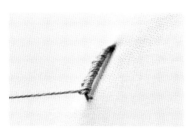

7／ブリッジができたところ。

8／最後は、ブランケットステッチの端の真横に針を入れる。

9／ブリッジで隠れるところに小さく3回縫い込む。

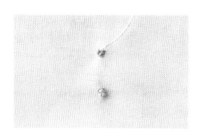

10／裏で玉止めをし、糸を切る。

糸の詰め方

ステッチで図案を刺し終えたら、2枚の布地の間にコットンの詰め糸を通して立体的にしていきます。この詰め糸を詰める作業を、メシャージュ（méchage）といいます。詰める作業は裏から行います。丸や曲線など、図形によって詰め方にコツがあります。　※見やすいように色糸を使用しています。

針にガイド糸をつける

詰め糸は太いので、針に通すことができません。そのため、わにしたガイド糸を針につけ、そこに詰め糸を通します。

針：タペストリー針18番
糸：Plassard GRAND LARGE（6本撚り）1本をガイド糸にかけて、2本どり（12本）
ナチュラ XL（10本撚り）1本のうちの4本をガイド糸にかけて、2本どり（8本）
トラプントコトーネ（5本撚り）1本をガイド糸にかけて、2本どり（10本）

細かいところや少量を詰めたい場合
針：タペストリー針22番
糸：上記の半量〜1/3

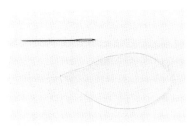

1 / キルト糸を適当な長さに切り、わにして結んでおく。

2 / 針にわにしたキルト糸を通す。

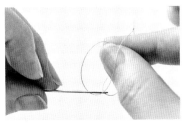

3 / 結び目のある方のわの中に、結び目のない方のわを通す。

4 / 通した方のわを引き、針に固定する。

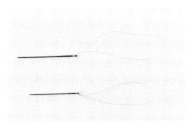

5 / ガイド糸は、わの状態で針の長さの1.5倍くらいがちょうどいい。長すぎると使いにくい。

6 / ガイド糸に詰め糸を2本どりの状態で通して準備OK。

丸の詰め方

丸は、ブティの図案に多用されるモチーフ。中心から詰める詰め方は、
楕円や花びら、葉っぱなど他のモチーフも同様です。 ※見やすいように色糸を使用しています。

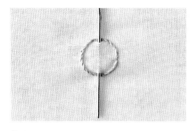

1 / 裏から詰める。はじめに、中心に1本詰め糸を通す。

2 / 詰め糸の端は5mmほど残す。

3 / 通した詰め糸は5mmほど残して切る。

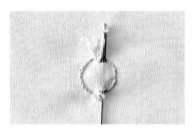

4 / すぐ右隣に詰め糸を通し、糸端は同様に残して切る。

5 / 同様に繰り返し、右半分を詰める。

6 / 左半分も同様に詰め糸を詰める。

7 / 糸端を布の根元で切る。

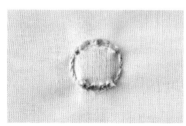

8 / 短い糸端がまだ残っている状態。

9 / 楊枝を使って、糸端を布のなかに押し込む。

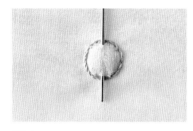

10 / 表を見て確認し、詰め糸のふくらみが足りないときは、追加で詰める。

11 / すでに入っている詰め糸の間に針を入れ、道を作るように両サイドにかき分けて隙間を作り、そこに追加の詰め糸を詰める。

12 / 表から見たところ。ふっくらとした状態になるようにする。しわしわの状態は詰め糸が足りない状態。詰めすぎには注意。

直線の詰め方　直線は縁飾りなどフレーム状のモチーフや、連続した線の模様（ヴェルミセル）にも使用します。

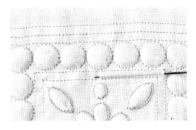

1 / 裏から詰める。長い直線は、針の長さが足りないので、途中で針とガイド糸を出し、再度同じ穴に針を入れて進む。

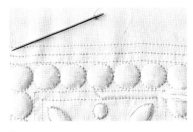

2 / ガイド糸が出るまで針を出す。

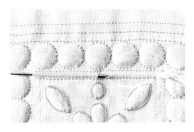

3 / 針を出した穴に再度針を入れ、角まで詰め糸を通す。

4 / 糸端は1.5cmほど残す。

5 / フレーム状の模様の場合、一辺ずつ詰める。四辺詰め終わったら形を整えて、4で残しておいた糸端を丸と同様に処理する。

6 / 線状のモチーフはしわが寄るのが正解なので、無理に布地を引っ張って伸ばそうとしないこと。

曲線の詰め方　縁飾りや植物のモチーフなどの図案に用います。緩やかなカーブから詰めはじめましょう。

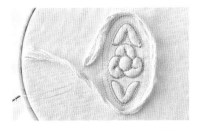

1 / 裏から詰める。詰め糸を曲線部分に当てて測り、少し長めに切る。

2 / 曲線のカーブに沿って、途中でガイド糸を出しながら詰め糸を通していく。

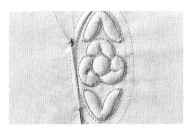

3 / 針を出した穴に再び入れて、詰め糸を通す。

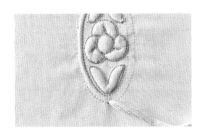

4 / 半分まで詰め糸を通したら、詰め糸を引っ張り出し、糸端を1.5cmほど残しておく。

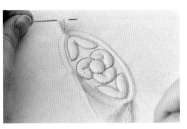

5 / 同じ穴に針を通してカーブを詰めていく。別の針を使って、糸がねじれて入らないよう調整する。

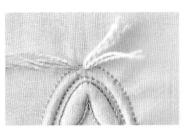

6 / 両糸端は、少し交差するようにする。糸端はカットして楊枝で詰める。

四角の詰め方

一方向に糸を詰めたあと、別方向からも糸を詰めることで形が際立ちます。
菱形の図案も同様に詰めます。

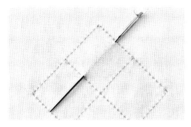

1 / 裏から詰める。連なる四角の場合は、1マスずつ詰めていく。裏布だけをすくい、2枚の間に針を通し、四角の中心に一本針を通す。

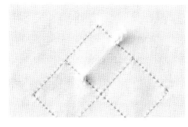

2 / 糸端を5mmほど残して切る。

3 / 次に、中心から半分に糸を詰めたら、残りの半分に糸を詰める。

4 / 糸端を布の根元で切る。

5 / 楊枝で糸端を布の間に押し込む。

6 / ふくらみを見て、足りなければ詰め糸を足す。

7 / 糸端が並ぶ2辺に詰め糸を通す。

8 / 2辺に1回ずつ詰め糸を通し、糸端を5mmほど残して切る。

9 / 糸端を布の根元で切り、楊枝で糸端を布の間に押し込む。

10 / 1マス完成したのを表から見たところ。

11 / 4マス詰め終わったところ。

小さな四角の作り方
（P.24　図案P.87）

はじめてブティをする人は、まずはこの小さな四角からはじめましょう。
布の準備から最後の仕立てまで、作り方の流れをひと通り学べます。
※見やすいように色糸を使用しています。

準備

→

1 / 布地2枚にドライアイロンをかける。生地の縦と横を確認する。生地は伸びない方がタテ、伸びる方がヨコ。

2 / 図案の上に1の布地を1枚重ね、布用シャープペンシルで図案を書き写す。直線は定規、丸はテンプレートを使う。

3 / 図案を写し終わったところ。

4 / 布地2枚を重ね、しつけをかける。

5 / しつけ糸は、5cm程度の格子状にかける。大きな作品のときも同様にする。

図案の模様をステッチする

→

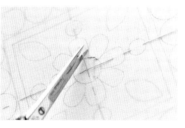

6 / ステッチは、図案の中心から刺していく。しつけ糸は、その都度邪魔なところを切る。

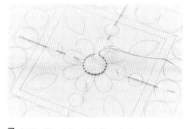

7 / 花、葉っぱ、と図案の中心からスタートし、外側に向かってバックステッチ（P.39）で刺していく。

8 / 連続する円と直線はランニングステッチ（P.38）で刺す。

糸を詰める

→

9 / 詰め糸を詰めていく。中心の丸に糸を詰め終わったところ（P.44）。

Comment faire un petit carré　小さな四角の作り方

47

10／中心部の花や葉っぱのモチーフに詰め糸を詰めたところ（P.44）。

11／次に、連続する丸に糸を詰めていく（P.44）。

12／最後に直線部分に糸を詰めたら（P.45）、詰める作業は終わり。

13／洗濯洗剤を入れた水またはぬるま湯に浸し手洗いする。図案線は歯ブラシを使って洗うとよく落ちる。よくすすいで乾かす。

仕立て

→

14／三つ折り縫いで端の始末をして仕立てる。裏布はぬいしろ4mmに印をつける。

15／4mmのぬいしろをつけ終わったところ。

16／表布はぬいしろ8mmに印をつける。

17／8mmのぬいしろをつけ終わったところ。

18／先に裏布を4mmのぬいしろの線に沿って切る。※8mmを先に切ると4mmが切りづらくなるので必ず4mmを先に切る。

19／次に表布を8mmのぬいしろの線に沿って切る。

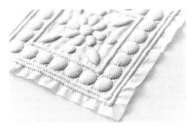

20／切り終わったら、端を三つ折り縫いでかがっていく。

21／まずは8mmのぬいしろにほつれ止め
　　液を塗り、乾かす。

22／裏の4mmのぬいしろを、表の8mmのぬ
　　いしろで包むように折り込む。

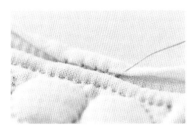

23／たてまつりで縫いつけていく。玉結
　　びはぬいしろの見えない部分に隠す。

24／角の部分は厚みが出てもたつくので、
　　4mmのぬいしろの角を三角にカットす
　　る。

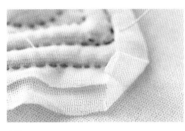

25／角は、額縁縫いにする。写真のように
　　角を折り込む。

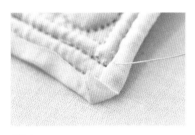

26／角を額縁になるように折り込みなが
　　ら、三つ折りする。

27／折り目を指で押さえながら縫っていく。

28／角の部分を1目縫って固定する。

29／たてまつりと角の額縁縫いを繰り返
　　す。

30／玉止めをして、ぬいしろの見えない部
　　分に隠して完成。

ブランケットステッチで縁をかがる方法

針：刺繍針、糸：アブローダー刺繍糸やダルマ家庭糸などのコットンの糸

三つ折り縫いができない複雑な形の作品は、ブランケットステッチで仕立てましょう。

1／表から刺す。玉結びをした糸を適当な場所から入れてキルト糸でランニングステッチした線と一番外側の図案線の中心に出し、下縫いを2周する。

2／2周目は、1周目の針目と互い違いになるように縫う。

3／ブランケットステッチをはじめる。少し離れたところに表から針を入れ、2枚ともすくって図案線上に針を出す。捨て糸を残しておく。

4／内側から端に向かって縦に針を刺し、ひと目すくう。針が糸の上にくる。

5／手前に糸を引く。

6／ブランケットステッチができたところ。

7／繰り返し刺していく。

8／糸が残り少なくなってきたら、写真のように少し離れたところに糸を出し、糸を休ませておく。

9／新しい糸をつけた針を少し離れたところから刺し捨て糸を残す。針を前の糸のわに通して表に出す。

10／あとは同様に刺していく。

11／ブランケットステッチの糸の処理は、裏の糸に2回程からげて糸を切る。

12／下縫いの糸端を切る。下縫いの糸はブランケットステッチで包まれると固定されるので特に処理せずにカットしてOK。

タッセルの作り方

バッグやポーチの飾りとして登場するタッセル。2つの作り方を説明します。
※見やすいように色糸を使用しています。

ひもの先につけるタッセル 巻き板のサイズ、巻きの回数、糸の種類は各作り方ページを参照。

1／長辺11cmの厚紙に、糸を25回巻きつける。

2／わになっている部分をはさみで切る。

3／糸を平らに広げ、ひもの端が糸の半分以上の長さになる位置に置く。

4／糸でひもを包むように巻く。

5／ひもの端が抜けないように結び目の位置を確認し、糸の中心をキルト糸などで何度か巻き、ぎゅっと縛って結ぶ。

6／5で結んだ糸は、ひもと逆の方に流しておく。

7／タッセルの糸はひもを中心に放射状におろし、くしなどを使って整える。

8／わにした糸（30cm程度）を写真のように置く。

9／8のわの上に刺繍糸を数回巻いてタッセルの頭を作り、巻いた方の糸端をわに通す。

10／糸端をわに通し、両糸端を強く引っ張って糸を固定する。

11／上に出ている糸に針を通し、タッセルの糸の中に隠す。

12／タッセルの長さにカットしたセロハンでタッセルを巻き、房になった部分の糸端をカットして整えて完成。

Comment faire un pompon タッセルの作り方

51

ファスナー飾りのタッセル

1 / ループひもを作る。30cmほどにカットした糸に強く撚りをかける。

2 / 1を半分に折る。

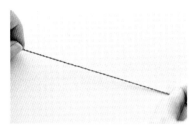

3 / 自然にツイストされ、1本のひも状になる。

4 / 端を結んで、ループひもの完成。

5 / 窓のある長辺11cmの厚紙に糸を25回巻きつけ、4のループひもを中心に埋めて置く。

6 / ループひもの結び目が中心より下にあることを確認し、糸の中心をキルト糸などで何度か巻き、ぎゅっと縛って結ぶ。

7 / わになっている部分をはさみで切る。

8 / ループひもを中心に放射状におろし、タッセルの糸をくしなどで整える。

9 / P.51のひもの先につけるタッセルの8〜12を参考にタッセルを仕上げる。

Réalisation

図案と作り方

— *Attention* —

✤ 図案はすべて原寸大です。

✤ 縫う作業、詰める作業、ともに刺繍枠を使って作業します。

✤ 刺繍枠を使用するので、生地は図案の上下左右5㎝以上の余裕のある大きさで準備してください。

✤ 布地と接着芯のサイズは、タテ×ヨコで表記しています。

✤ ステッチとステッチに使用する針と糸、糸の詰め方、布端の仕立て方法、タッセルの作り方はP.36〜52を参照してください。

✤ ステッチは、図案の中心から外側に向かって刺してください。

✤ ステッチを刺し、糸を詰めて洗うと全体的に10%ほど縮みます。

✤ 作品8、10、11、24は縮んだサイズに合わせて、まちや底のパーツやファスナーの長さを調整しましょう。

✤ パーツの組み立ては手縫いで行っています。一部はミシンを使っても縫うことはできますが、手縫いの方が微調整できるので仕上がりがきれいです。

^{N°}01

音楽会のためのつけ襟 ———

リズミカルな縁模様は南フランスの伝統的な舞曲
「ラ マズルカ」をイメージしました。

作品 ▷ P.12
図案 ▷ 添付型紙 No.01
できあがり寸法 ▷ 着丈15×着幅36cm

材料

◇ 表布　コットンバチスト45×55cm … 1枚
◇ 裏布　コットンバチスト45×55cm … 1枚
◇ スプリングホック … 1組

作り方

1 - 表布、裏布にアイロンをかけ、表布に図案を写したら、
　　表布と裏布を重ねてしつけ糸を5cm間隔でかける。

2 - 図案の通りにステッチを刺し、糸を詰める。

3 - 首周りをブランケットステッチでかがり（P.50）、洗った
　　ら（P.48）ステッチの外側でカットする。その他の部分
　　は三つ折り縫い（P.48 14～）する。スプリングホックを
　　襟の合わせ部分に縫いつける。

^{N°}02

千花模様のつけ襟 ———

中世ヨーロッパで発展したミルフルールの紋様に着想を得ました。
様々な花がひたすらに広がっていく様子を思い浮かべて作りました。

作品 ▷ P.12
図案 ▷ 添付型紙 No.02
できあがり寸法 ▷ 着丈29.5×着幅39cm

材料

◇ 表布　コットンバチスト65×70cm … 1枚
◇ 裏布　コットンバチスト65×70cm … 1枚
◇ スプリングホック … 1組

作り方

1 - 表布、裏布にアイロンをかけ、表布に図案を写したら、
　　表布と裏布を重ねてしつけ糸を5cm間隔でかける。

2 - 図案の通りにステッチを刺し、糸を詰める。フレンチ
　　ノットステッチは、DMC 刺繍糸25番B5200または
　　BLANC 3本どりの2回巻きで刺す。

3 - ブランケットステッチで縁をかがり（P.50）、洗う（P.48）。
　　ステッチの外側でカットし、スプリングホックを襟の
　　合わせ部分に縫いつける。

マーガレットのヴァニティ ───

ブティにおいて、マーガレットは「純粋さ」を表します。
幸運をもたらすお守りを意味する花冠のようにデザインしました。

作品 ▷ P.14
図案 ▷ 添付型紙 No.03
できあがり寸法 ▷ 直径19×まち幅5cm

材料

◇ 本体表布　コットンバチスト32×32cm … 2枚
◇ 本体裏布　コットンバチスト32×32cm … 2枚
◇ まち用布　コットンバチスト … 適宜
◇ 薄手接着芯　40×40cm … 1枚
◇ ファスナー飾りのタッセル … 1個：長辺11cmの巻き板、
　できあがりの長さ5cm、DMC 刺繍糸25番B5200または
　BLANC、25回巻き
◇ 玉つきファスナー（白）30cm … 1本

作り方

1 − 本体の表布、裏布にアイロンをかけ、表布2枚
　　に図案を写したら、2枚ずつ重ねてしつけ糸を
　　5cm間隔でかける。

2 − 図案の通りにステッチを刺し、糸を詰め、洗う
　　（P.48）。

3 − ファスナー飾りのタッセルを作っておく（P.52）。

4 − 本体2枚の上下2ヶ所に合印をつける（a）。

───→
つづく

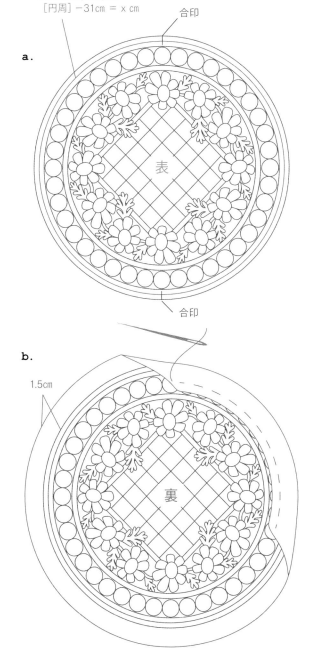

ここの円周を測る。
［円周］−31cm ＝ x cm

a.

合印

表

合印

b.

1.5cm

裏

5 — まち用のパーツを作る。まち用の布に接着芯を貼り、図のサイズにカットし、合印をつける(**c**)。

6 — 本体2枚は、ぬいしろ1.5cmをつけてカットし、ぬいしろは裏側に折り込んでしつけをかける(**b**)。

7 — ファスナーまち2枚を中表に重ね、間にファスナーを挟んで端を揃え、端から7mmのところを縫う(**d**)。

8 — 反対側も同様に縫い、開いてアイロンをかける(**e**)。

9 — 底まち2枚を中表に重ね、間に8を挟む(**f**)。

10 — 端を揃え、端から1cmのところを縫い、反対側も端を揃えて同様に縫う(**g**)。

11 — わにして、上下のぬいしろ5mmのところをぐるりとぐし縫いする(**h**)。ぬいしろ1cmを内側に折り、アイロンをかける(**i**)。

c. パーツのカット
接着芯を貼ったまち用の布を下図のようにカットする。ぬいしろ1cm込みの寸法。

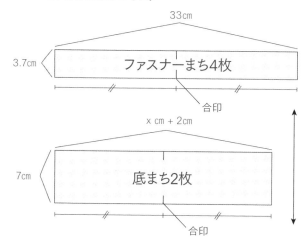

d.
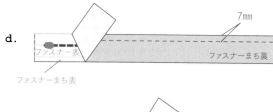

e.
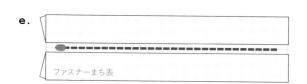

f.
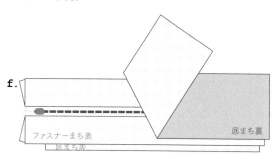

g.
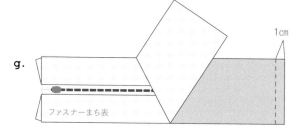

h.
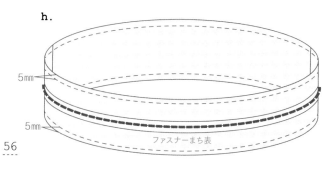

i.
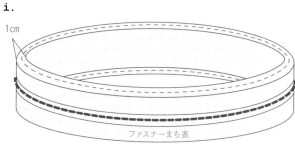

12 ー 本体とまちパーツを合印で合わせ(**j**)、まち
パーツのぬいしろ1cmと本体パーツの外側か
ら3mmのところをコの字とじで縫い合わせる
(**k**)。もう片面も同様に縫い合わせる。

13 ー 6でかけたしつけを解く。本体裏側のぬいし
ろ1枚を残し、もう一枚の本体ぬいしろとまち
パーツのぬいしろを5mm残してカットする(**l**)。

14 ー 残した本体のぬいしろで、カットしたぬいし
ろを包むように三つ折りにしてまつりつける
(**m**)。

15 ー ファスナー飾りのタッセルを、ファスナーのス
ライダーにつける。

j.

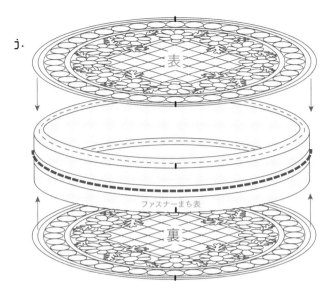

表

ファスナーまち表

裏

k.

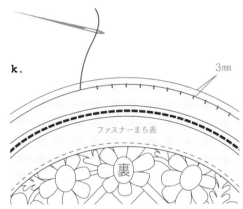

3mm

ファスナーまち表

裏

l.

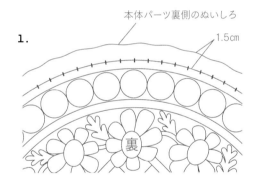

本体パーツ裏側のぬいしろ

1.5cm

裏

m.

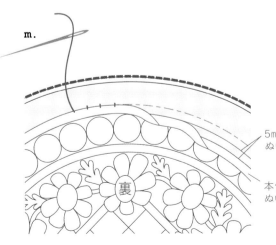

5mmにカットした
ぬいしろ

本体パーツ裏側の
ぬいしろ

裏

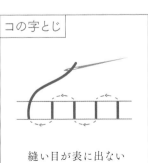

コの字とじ

縫い目が表に出ない
よう縫いとじる縫い方
です。向かい側を3mm
程度すくうことを繰り
返します。

マーガレットのポーチ ——

マーガレットのヴァニティとお揃いのポーチ。
アクセサリーなど大切な小物入れに。

作品 ▷ P.15
図案 ▷ P.59
できあがり寸法 ▷ 直径10cm

材料

◇ 表布　コットンバチスト20×20cm … 2枚
◇ 裏布　コットンバチスト20×20cm … 2枚
◇ ファスナー飾りのタッセル … 1個：長辺11cmの巻き板、
　できあがりの長さ5cm、DMC 刺繍糸25番B5200またはBLANC、
　25回巻き
◇ 玉つきファスナー（白）15cm … 1本

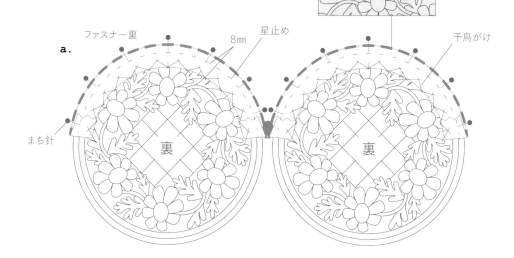

作り方

1 - 表布・裏布4枚にアイロンをかけ、表布2枚に図案を写
　　したら、2枚ずつ重ねてしつけ糸を5cm間隔でかける。

2 - 図案の通りにステッチを刺し、糸を詰め、洗う（P.48）。

3 - 2の縁は、それぞれ三つ折り縫いする（P.48 14〜）。ファ
　　スナー飾りのタッセルを作っておく（P.52）。

4 - まち針でファスナーを固定し、星止めでファスナーを縫
　　いつける。ファスナーの端は千鳥がけで縫いとめる（a）。

5 - 外表に重ね、ファスナー以外の部分をコの字とじ
　　（P.57）で縫いとじる（b）。

6 - ファスナーのスライダーにタッセルをつける。

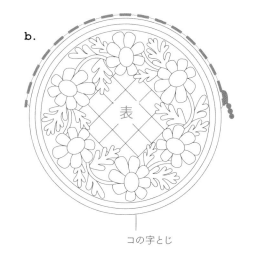

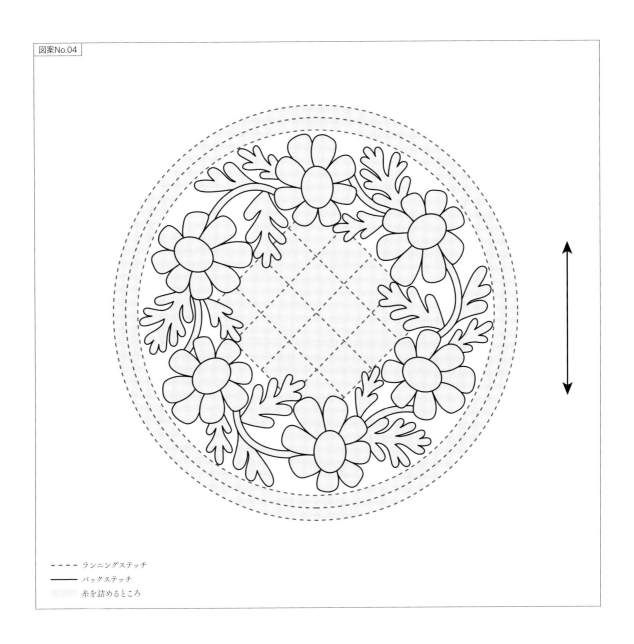

- - - - ランニングステッチ
──── バックステッチ
▨▨▨▨ 糸を詰めるところ

星止め

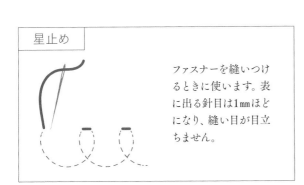

ファスナーを縫いつけるときに使います。表に出る針目は1mmほどになり、縫い目が目立ちません。

千鳥がけ

ファスナーの端が浮かないようにするときに使います。右利きの場合、左から右に進んでいきます。上下ともに約4mm程度すくっていきます。

ナイトフロックスのバッグ ——

夕方から夜に咲くかわいらしい小花、
ナイトフロックスのバッグです。

作品 ▷ P.16
図案 ▷ 添付型紙 No.05
できあがり寸法 ▷ 14.5×21.5×まち幅5cm

材料

◇ 本体表布　コットンバチスト27×35cm … 2枚
◇ 本体裏布　コットンバチスト27×35cm … 2枚
◇ まち用布　コットンバチスト … 適宜
　　（両面なので2枚×2組）
◇ 薄手接着芯　40×40cm … 1枚
◇ ひもの先につけるタッセル … 1個:
　　長辺20cmの巻き板、できあがりの長さ9cm、
　　DMC 刺繍糸5番B5200またはBLANC、50回巻き
◇ 玉つきファスナー（白）22cm … 1本
◇ ひも（白）4mm幅 1.2m … 1本
◇ Dカン（ゴールド）15mm … 2個

作り方

1 - 表布・裏布4枚にアイロンをかけ、表布2枚に
　　図案を写したら、2枚ずつ重ねてしつけ糸を
　　5cm間隔でかける。

2 - 図案の通りにステッチを刺し、糸を詰め、洗う
　　（P.48）。

3 - 本体の表布2枚の上下2ヶ所に合印をつける
　　（a）。

4 - まち用のパーツを作る。まち用布の裏に接着芯
　　を貼り、図のサイズにカットし、合印をつける
　　（b）。

5 - 本体2枚は、ぬいしろ1.5cmをつけてカットし、
　　ぬいしろは裏側に折り込んでしつけをかける
　　（c）。

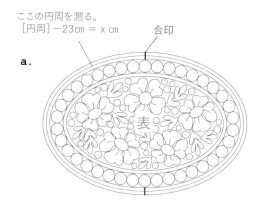

ここの円周を測る。
[円周]－23cm ＝ x cm
合印

a.

b. パーツのカット
接着芯を貼ったまち用布を下図のようにカットする。
ぬいしろ1cm込みの寸法です。

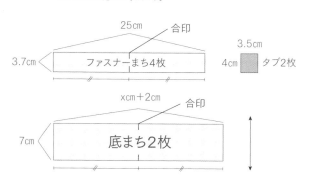

25cm　合印
3.7cm　ファスナーまち4枚

3.5cm
4cm　タブ2枚

xcm＋2cm　合印
7cm　底まち2枚

c.

1.5cm

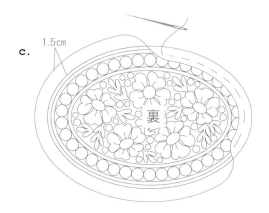

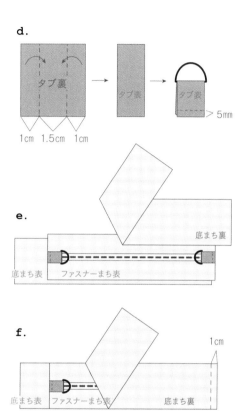

d.

タブ裏

タブ表

タブ表

5mm

1cm　1.5cm　1cm

e.

底まち裏

底まち表　ファスナーまち表

f.

1cm

底まち表　ファスナーまち表　底まち裏

6 - マーガレットのヴァニティの7~8 (P.56) を参照し、ファスナーとファスナーまちを縫い合わせる。

7 - タブを2つ作る。タブ両端を1cm折り、アイロンをかける。Dカンを挟んで2つ折りにし、外側から5mmのところを縫う(**d**)。

8 - 7のタブをファスナーまちの両脇に置き、中表に重ねた底まち2枚の間に挟み、端を揃える(**e**)。

9 - 端から1cmのところを縫う。反対側も端を揃えて同様に縫う(**f**)。

10 - マーガレットのヴァニティの11~14 (P.56~57) を参照し、ファスナーまちと本体パーツを縫い合わせる。

11 - Dカンに二重にひもを通して結ぶ。ひもの先につけるタッセルを作る (P.51) (**g**)。

g.

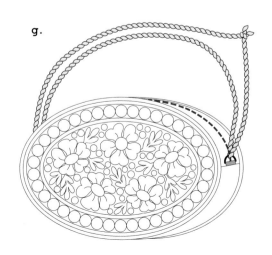

ナイトフロックスのポーチ ───

ナイトフロックスのバッグとお揃いのポーチ。
バッグのなかの小物入れにも。

作品 ▷ P.17
図案 ▷ P.63
できあがり寸法 ▷ 10.5×15cm

材料

◇ 表布　コットンバチスト25×25cm … 2枚
◇ 裏布　コットンバチスト25×25cm … 2枚
◇ ファスナー飾りのタッセル … 1個：長辺11cmの巻き板、
　できあがりの長さ5cm、
　DMC 刺繍糸25番B5200またはBLANC、25回巻き
◇ 玉つきファスナー（白）　20cm … 1本

作り方

1 - 表布・裏布4枚にアイロンをかけ、表布2枚に図案を写したら、2枚ずつ重ねてしつけ糸を5cm間隔でかける。

2 - 図案の通りにステッチを刺し、糸を詰め、洗う (P.48)。

3 - 2の縁は、それぞれ三つ折り縫いする (P.48 14〜)。ファスナー飾りのタッセルを作っておく (P.52)。

4 - まち針でファスナーを固定し、星止め (P.59) でファスナーを縫いつける。ファスナーの端は千鳥がけ (P.59) で縫いとめる (a)。

5 - 外表に重ね、ファスナー以外の部分をコの字とじ (P.57) で縫いとじる (b)。

6 - ファスナーのスライダーにタッセルをつける。

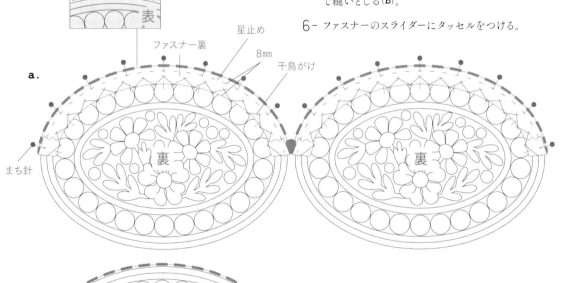

- - - - ランニングステッチ
──── バックステッチ
▨▨▨ 糸を詰めるところ

散歩のためのポシェット ────

小花の唐草模様をあしらったポシェット。
近くを散歩するときのお供に。

作品 ▷ P.18
図案 ▷ 添付型紙 No.07
できあがり寸法 ▷ 17.5×10cm

材料

◇ 表布　コットンバチスト30×35cm … 1枚
◇ 裏布　コットンバチスト30×35cm … 1枚
◇ ひもの先につけるタッセル … 1個：
　　長辺18cmの巻き板、できあがりの長さ8cm、
　　DMC 刺繍糸5番B5200 またはBLANC、50回巻き
◇ ひも（白）　4mm幅 1.3m … 1本
◇ サテンリボン　5mm幅 3.5cm … 3本

作り方

1 - 表布・裏布2枚にアイロンをかけ、表布に図案を写した
　　ら、2枚重ねてしつけ糸を5cm間隔でかける。

2 - 図案の通りにステッチを刺し、糸を詰め、洗う (P.48)。

3 - 2の縁を三つ折り縫いする (P.48 14〜)。

4 - ひもの端にひもの先につけるタッセルを作りつける
　　(P.51)。タッセルがついていない方の端を本体の上中心
　　に縫いつける (a-①)。

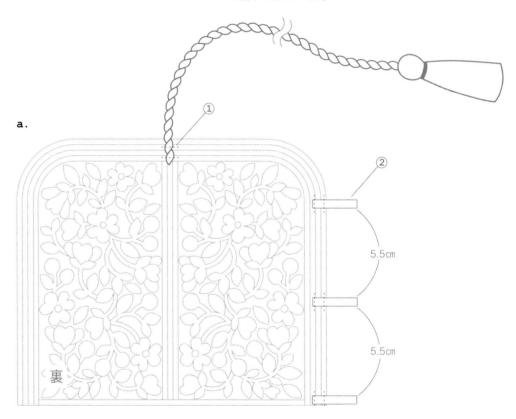

a.

5 – 本体の片側にサテンリボン3本、図のように縫いつける
　　(**a**-②)。

6 – サテンリボンは紐を挟んでループにし、本体に縫いつけ
　　る(**b**)。

7 – 外表にして半分に折り、袋状になるようにコの字とじ
　　(P.57)で縫いとじる(**c**)。

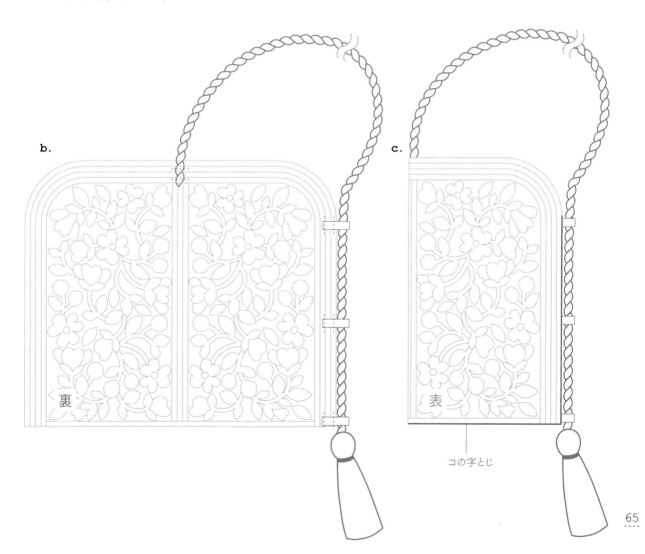

b.

〈裏

c.

表

コの字とじ

小物入れ ———

散歩のためのポシェットとお揃いの小物入れ。
イヤホンや鍵、リップなどを入れて。

作品 ▷ P.18
図案 ▷ P.67
できあがり寸法 ▷ 8.5×8.5cm

材料

◇ 表布　コットンバチスト20×30cm … 1枚
◇ 裏布　コットンバチスト20×30cm … 1枚
◇ ファスナー飾りのタッセル … 1個：
　　長辺11cmの巻き板、できあがりの長さ5cm、
　　DMC 刺繍糸25番B5200 またはBLANC、
　　25回巻き
◇ 玉つきファスナー（白）　14cm … 1本
＊できあがりの長さを測ってからファスナーの長さを決定する。

ファスナーの準備

ここの長さのマイナス1cmの
ファスナーを準備する
＊フラットニットファスナーを使うと
簡単に長さ調整できます

a.

作り方

1 - 表布・裏布2枚にアイロンをかけ、表布
　　に図案を写したら、2枚重ねてしつけ糸
　　を5cm間隔でかける。

2 - 図案の通りにステッチを刺し、糸を詰め、
　　洗う(P.48)。

3 - 2の縁を三つ折り縫いする(P.48 14〜)
　　(a)。ファスナー飾りのタッセルを作って
　　おく(P.52)。

4 - まずは、本体の右半分にまち針でファ
　　スナーを固定し、星止め(P.59)でファス
　　ナーを縫いとめる。ファスナーの端は千
　　鳥がけ(P.59)で縫いとめる(b)。

5 - 中心線で中表に折り、反対側も同様に
　　ファスナーを縫いつける(c)。

6 - 表に返し、ファスナー以外の部分をコ
　　の字とじ(P.57)で縫いとじる(d)。

7 - ファスナーのスライダーにタッセルをつ
　　ける。

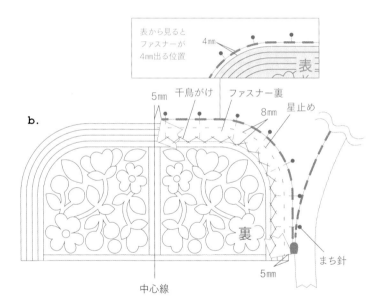

表から見ると
ファスナーが
4mm出る位置

4mm

表

5mm　千鳥がけ　ファスナー裏

8mm　星止め

b.

裏

まち針

5mm

中心線

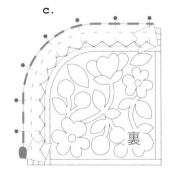

c.

裏

d.

表

コの字とじ

- - - - ランニングステッチ
—— バックステッチ
▨▨▨ 糸を詰めるところ

旅のためのポーチ ———

連続する細い斜めの線はヴェルミセル(vermicelle)と呼ばれ、
ブティでよく用いられる模様です。旅のチケットや絵葉書入れに。

作品 ▷ P.19
図案 ▷ 添付型紙 No.09
できあがり寸法 ▷ 12×24.5cm

[材料]

◇ 表布　コットンバチスト50×36cm … 1枚
◇ 裏布　コットンバチスト50×36cm … 1枚
◇ マグネットホック（縫いつけ式）14mm … 1個

[作り方]

1 - 表布・裏布2枚にアイロンをかけ、表布に
図案を写したら、2枚重ねてしつけ糸を
5cm間隔でかける。

2 - 図案の通りにステッチを刺し、糸を詰め、
洗う (P.48)。

3 - 2の縁を三つ折り縫い (P.48 14〜) する。

4 - 外表になるように、図の折り位置で折る (**a**)。

5 - 両脇をコの字とじ (P.57) で縫いとじる (**b**)。

6 - マグネットホックを縫いつける。

a.

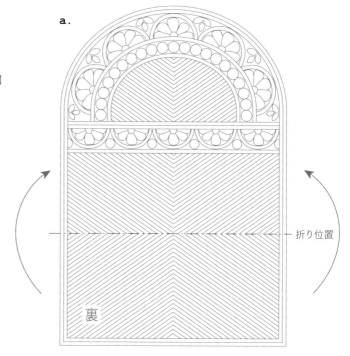

折り位置

裏

b.

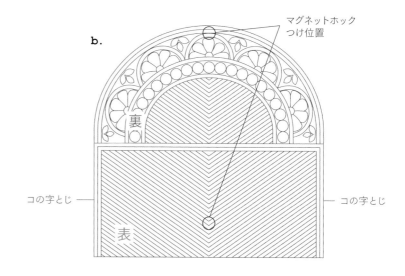

マグネットホック
つけ位置

コの字とじ

コの字とじ

裏

表

ポワン・ドゥ・ヴォヴェールの ── ポーチ

南フランスのガール県に位置する小都市「ヴォヴェール」の
名前がついたこの技法を用い、複雑で立体的な凹凸を表現します。

作品 ▷ P.19
図案 ▷ P.70~71
できあがり寸法 ▷ 9×14.5cm

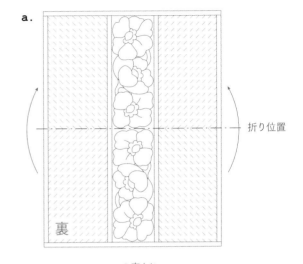

a.

折り位置

裏

材料

◇ 表布　コットンバチスト30×27cm … 1枚
◇ 裏布　コットンバチスト30×27cm … 1枚
◇ ファスナー飾りのタッセル … 1個：
　長辺11cmの巻き板、できあがりの長さ5cm、
　DMC 刺繍糸25番B5200 またはBLANC、25回巻き
◇ フラットニットファスナー（白）20cm … 1本

作り方

1- 表布・裏布2枚にアイロンをかけ、表布に図案を写し
　たら、2枚重ねてしつけ糸を5cm間隔でかける。

2- 図案通りにステッチを刺し、糸を詰め、洗う(P.48)。
　ポワン・ドゥ・ヴォヴェールはP72-73を参照。

3- 2の縁を三つ折り縫い(P.48 14~)し、外表に半分に折
　る(a)。

4- 両脇をコの字とじ(P.57)で縫いとじる(b)。ファスナー
　飾りのタッセルを作っておく(P.52)。

5- ポーチの口の長さを測り、それよりも1cm短くなるよう
　ファスナーの長さを調整する(c)。

6- ポーチを裏返し、まち針でファスナーを固定する。星
　止め(P.59)でファスナーを縫いつける。ファスナーの
　端は千鳥がけ(P.59)で縫いとめる(d)。

7- 表に返し、ファスナーのスライダーにタッセルをつけ
　る。

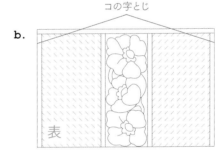

b.

コの字とじ

表

何度か縫い込む

表から見ると
ファスナーが
4mm出る位置

4mm

1.5cm

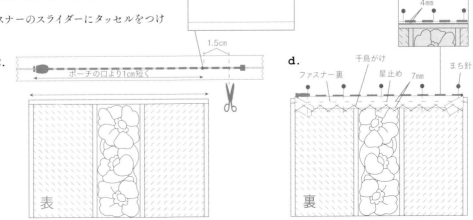

c.

ポーチの口より1cm短く

表

d.

ファスナー裏　星止め　千鳥がけ　7mm　まち針

裏

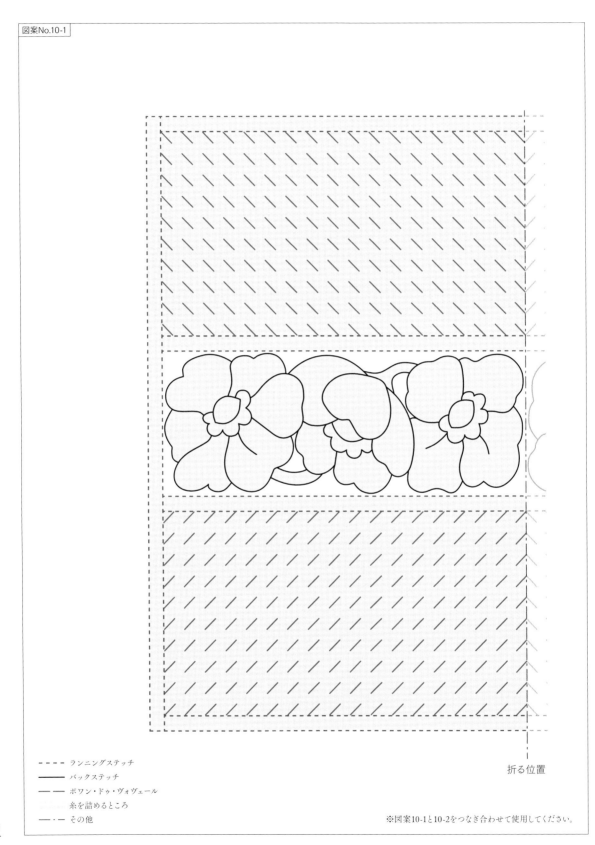

ランニングステッチ
バックステッチ
ポワン・ドゥ・ヴォヴェール
糸を詰めるところ
その他

折る位置

※図案10-1と10-2をつなぎ合わせて使用してください。

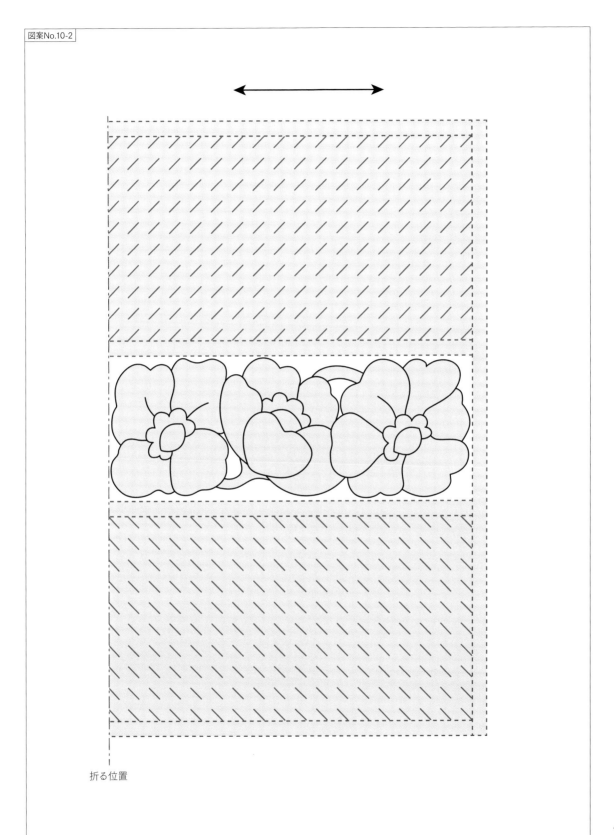

折る位置

ポワン・ドゥ・ヴォヴェールの刺し方

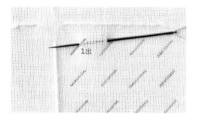

1 / 布地の表から刺す。糸端に玉結び（1回）をし、生地1枚だけをすくって刺したい部分から少し離れたところに針を入れ、線の1/3のところ、**1**から針を出す。

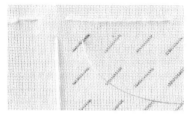

2 / 糸を引っ張り、玉結びは2枚の布の間に入れておく。

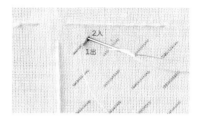

3 / 1針分戻って、**2**に針を入れる。

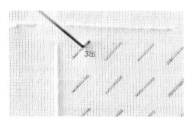

4 / **3**（**1**と同じ穴）から針を出す。

5 / **3**から出した針を**4**に入れる。

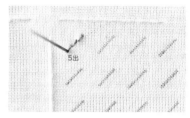

6 / 1針分あけて**5**から針を出す。

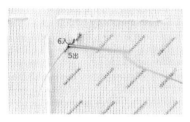

7 / **5**から出した針を**6**に入れる。

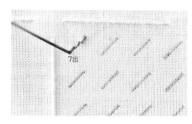

8 / **6**に入れた針を**7**（**5**と同じ穴）から出す。

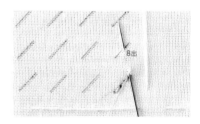

9 / 刺繍枠を回転させて**7**と同じ穴に針を入れ、表地だけをすくい、次の列の**8**に針を出す。

10/ 線1本を3目で同様に刺していく。終わり方はランニングステッチ（P.38）を参照。

糸の詰め方

*糸の分量は通常の直線を詰めるとき（P.43）の半分を目安にする

1／糸は裏から詰める。P.45の直線の詰め方を参考に、中央からステッチの方向に沿って斜めに糸を詰める。詰め糸は1cmほど残して切る。

2／中央から外側に向かって糸を半分詰めたら、残り半分も同様に詰める。糸端は同様に残して切る。

3／糸端を布の根元で切り、楊枝を使って、糸端を布のなかに押し込む。

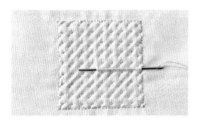

4／次に、ステッチの間の横方向に糸を詰める。中央から同様に糸を詰めていく。斜めの詰め糸の上に針を通す。

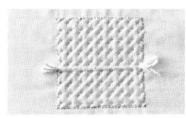

5／詰め糸は1cmほど残して切る。

6／横方向の糸を詰め終わったところ。

7／糸端を布の根元で切り、楊枝を使って、糸端を布のなかに押し込む。ボリュームを見て、ここで終わってもOK。

8／最後に、ステッチの間の縦方向に糸を詰める。中央から同様に糸を詰めていく。詰め糸は1cmほど残して切る。

9／縦方向の糸を詰め終わったところ。

10／糸端を布の根元で切り、楊枝を使って、糸端を布のなかに押し込む。

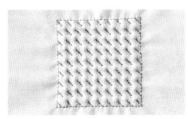

11／糸を詰め終わったあと、表から見たところ。これで完成。

巾着バッグ ［Le zootrope］ ─────

ゾートロープ（回転絵）が描き出す残像をイメージし、
幻想的な揺れる花々をデザインしました。

作品 ▶ P.20
図案 ▶ 添付型紙 No.11
できあがり寸法 ▶ 12×25cm

材料

◇ 表布　コットンバチスト37×55cm … 1枚
◇ 裏布　コットンバチスト37×55cm … 1枚
◇ 底用布　16×16cm … 2枚
◇ キルト芯　15×15cm … 1枚

◇ プラスチック板　15×15cm … 1枚
◇ ひもの先につけるタッセル … 2個 ：長辺11cmの巻き板、
　できあがりの長さ5cm、DMC 刺繍糸25番B5200 またはBLANC、
　25回巻き
◇ ひも（白）　3mm幅 60cm … 2本

作り方

1 - 表布・裏布にアイロンをかけ、表布に図案を写したら、
ヨコ1cmのぬいしろをつけ、上下は5cm以上の余白を
残してカットする。

2 - 表布、裏布ともに中表に半分に折り、脇のぬいしろ1
cmをぐし縫いし、筒状にする。ぬいしろはアイロンで
割っておく（a）（b）。

3 - 表地の内側に、裏地を入れる。ぬいしろの位置が
ピッタリ合うようにする（c）。

4 - しつけ糸を5cm間隔でかける。わの内側に厚紙を入
れると縫いやすい（d）。

5 - 図案の通りにステッチを刺し、糸を詰める。

6 - 巾着の口の部分はブランケットステッチで処理し
（P.50）、ひも通し部分をデタッチドブランケットステッ
チでブリッジを作ったら（P.42）、洗う（P.48）。底のほう
は、ぬいしろ1.5cmでカットし、円周を測っておく（e）。

7 - 底のぬいしろを裏側に折りこんで、しつけをかける（f）。

──→
つづく

a. 表地

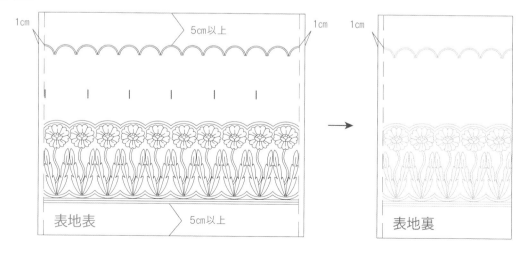

b. 裏地

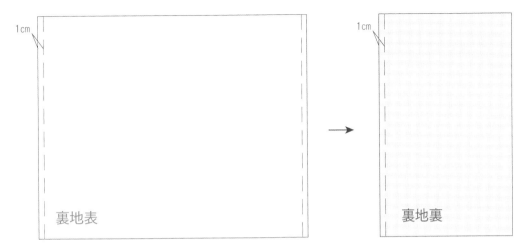

1cm

裏地表

1cm

裏地裏

c.

裏地裏

表地表

d.

しつけ

e.

1.5cm

ここの長さを測る（= x cm）

f.

8 - 6で測った円周をもとに、底のパーツを作る（**g**）。

9 - 底パーツは、図のように底用布2枚の間にキルト芯とプラスチック板を挟み（**h**）、ぬいしろ1.3㎝のところをぐるりとぐし縫いする（**i**）。

10 - 9のぬいしろを折り込み、7の本体にはめ込む（**j**）。

11 - 底パーツのぬいしろ1.5㎝のところと巾着本体の下線から3㎜内側を表からコの字とじ（P.57）で縫い合わせる（**k**）。

12 - 7でかけたしつけを解き、底パーツのぬいしろ1枚を残し、それ以外の底と本体パーツのぬいしろを5㎜残してカットする。残した底のぬいしろで、カットしたぬいしろを包むように三つ折りにしてまつりつける（P.57マーガレットのヴァニティの13 −14参照）。

13 - 口の部分のブランケットステッチは外側でカットし、ひもを通したらひもの先につけるタッセル（P.51）を作りつける（P.78 小さな巾着の8参照）。

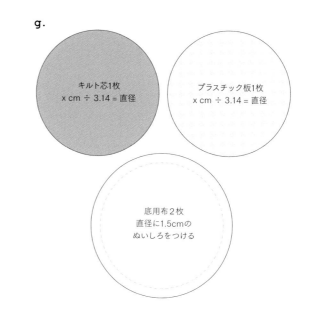

g.

キルト芯1枚
x cm ÷ 3.14 = 直径

プラスチック板1枚
x cm ÷ 3.14 = 直径

底用布2枚
直径に1.5cmの
ぬいしろをつける

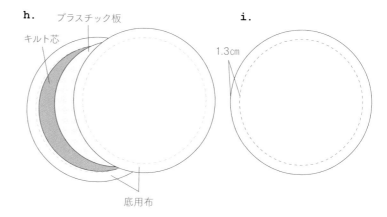

h.

プラスチック板
キルト芯
底用布

i.

1.3㎝

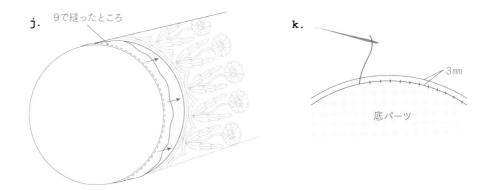

j.

9で縫ったところ

k.

3㎜

底パーツ

小さな巾着 ——

マーガレットは「純粋さ」を表すシンボル。
小さな2輪のマーガレットを配した巾着ポーチ。小さなおやつを入れて。

作品▷P.21
図案▷P.79
できあがり寸法▷14.5×10cm

材料

◇ 表布　コットンバチスト40×20cm … 1枚
◇ 裏布　コットンバチスト40×20cm … 1枚
◇ ひもの先につけるタッセル … 2個：できあがりの長さ3.5cm、
　　DMC 刺繍糸25番B5200 またはBLANC、20回巻き
◇ ひも（白）　3mm幅 30cm … 2本

作り方

1 - 表布・裏布2枚にアイロンをかけ、表布に図案を写し
　　たら、2枚重ねてしつけ糸を5cm間隔でかける。

2 - 図案の通りにステッチを刺し、糸を詰める。

3 - ひも通し部分は、デタッチドブランケットステッチでブ
　　リッジを作る（P.42）。

4 - 両サイドにぬいしろ1.2cmをつけてカットする（a）。

——→
つづく

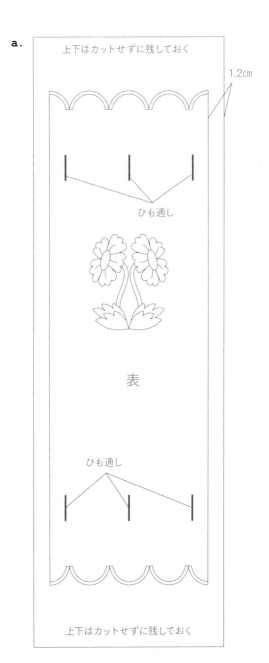

a.

上下はカットせずに残しておく

1.2cm

ひも通し

ひも通し

表

上下はカットせずに残しておく

5 – 外表になるようにタテ半分に折り、両サイドの端から
5mmをぐし縫いで縫う(**b**)。※ミシン使用可。

6 – 裏に返し、両サイドの端から7mmのところをぐし縫い
で縫う(**c**)。※ミシン使用可。

7 – 表に返し、巾着の口をブランケットステッチで処理し
(P.50)、洗う(P.48)。ステッチの外側でカットする(**d**)。

8 – ひもをひも通しに両サイドから通して結び、ひもの先
につけるタッセル(P.51)を作りつける(**e**)。

b. 5mm

表

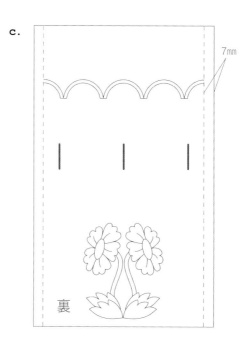

c. 7mm

裏

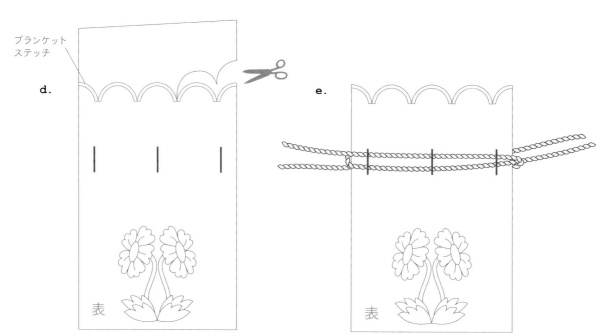

d.
ブランケット
ステッチ

表

e.

表

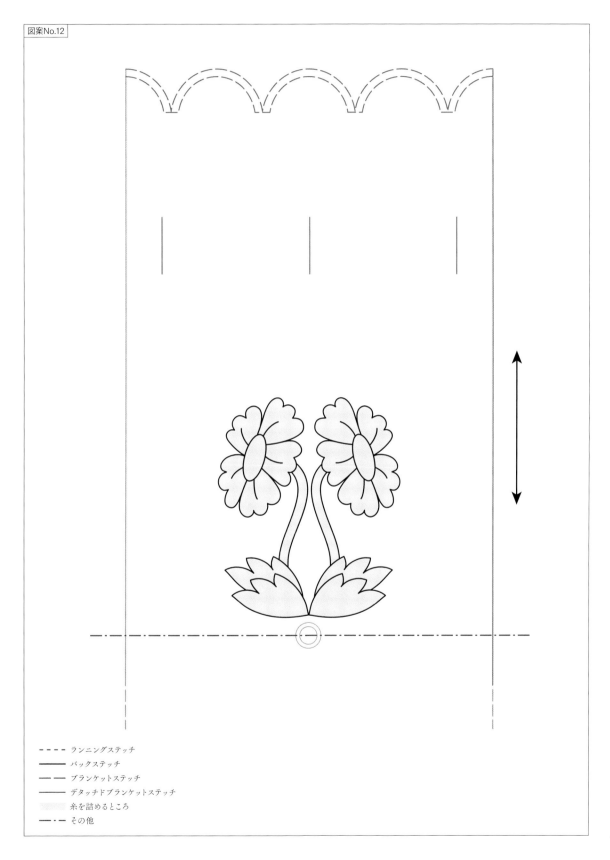

- - - - ランニングステッチ
──── バックステッチ
─ ─ ─ ブランケットステッチ
──── デタッチドブランケットステッチ
▨▨▨ 糸を詰めるところ
─ ・ ─ その他

ブローチ ———

アンティークショップで見かけた古い勲章をモチーフにしたブローチ。
洋服やバッグにつけて。

作品 ▷ P.22
図案 ▷ P.81
できあがり寸法 ▷ 9×6.5cm

材料

◇ 表布　コットンバチスト25×25cm … 1枚
◇ 裏布　コットンバチスト25×25cm … 1枚
◇ 丸カン（金古美）　1.0×6mm … 1個
◇ ブローチピン … 3cm程度のもの

作り方

1 - 表布・裏布にアイロンをかけ、表布に図案
　　を写したら、2枚重ねてしつけ糸を5cm間
　　隔でかける。

2 - 図案の通りにステッチを刺し、糸を詰め、
　　洗う（P.48）。

3 - リボンパーツの端は三つ折り縫いで処理
　　する（P.48 14〜）（a）。花モチーフのパーツは
　　ブランケットステッチでかがり（P.50）、外側
　　でカットし、丸カンを縫いつける（b）。

4 - リボンを作る。Aをわにして、まつり縫いで
　　接合する（c）。

5 - Bを4の中心に巻きつける（d）。

6 - 5をまつり縫いで縫いとめる（e）。

7 - 丸カンをつけたCをリボンに縫いつける
　　（f）。

8 - リボンの裏にブローチピンを縫いつける
　　（g）。

a.

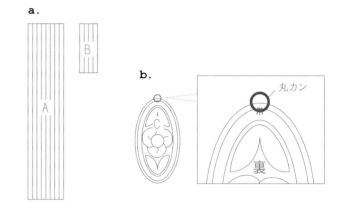

b.

丸カン

c.

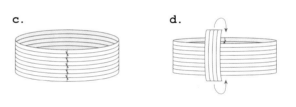

d.

e.

f.

g.

- - - - ランニングステッチ
——— バックステッチ
— — ブランケットステッチ
▨▨▨ 糸を詰めるところ

ニードルケース ——

ブティで使う針を全てしまうことができるニードルケース。
長針も入れられます。

—— ⁂ ——

作品 ▷ P.22
図案 ▷ P.83
できあがり寸法 ▷ 5.5×14cm

材料

◇ 表布　コットンバチスト25×25cm … 1枚
◇ 裏布　コットンバチスト25×25cm … 1枚
◇ スナップボタン　直径8mm … 1組
◇ フェルト（白）　15×15cm … 1枚

作り方

1 - 表布・裏布にアイロンをかけ、表布に図案を写したら、2枚重ねて
しつけ糸を5cm間隔でかける。

2 - 図案の通りにステッチを刺し、糸を詰める。サテンステッチは
DMC アブローダー25番B5200またはBLANC 1本とりで刺す。

3 - ブランケットステッチで縁をかがり（P.50）、洗う（P.48）。ステッチの
外側でカットする。

4 - フェルトは本体よりもひとまわり小さくカットし、バックステッチ
（P.39）で本体の中心（オレンジ線の部分）に表にひびかないよう
縫いつける。

5 - スナップボタンを縫いつける。

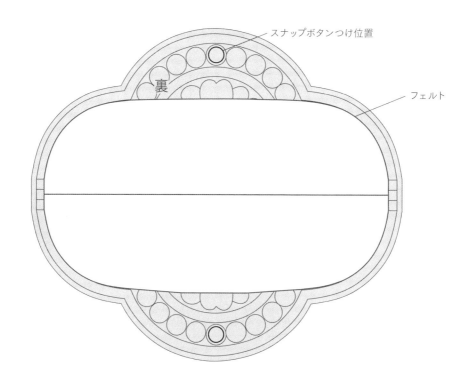

スナップボタンつけ位置

裏

フェルト

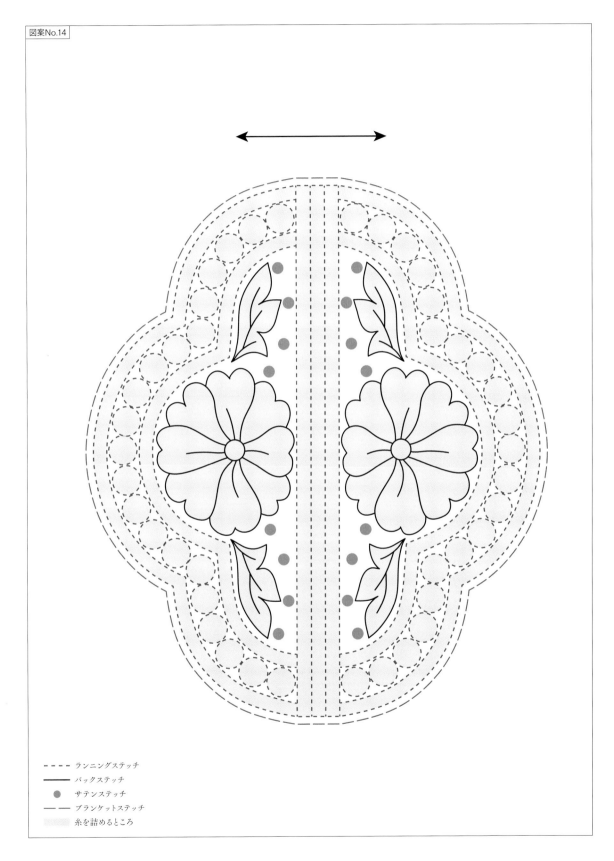

- - - - ランニングステッチ
———— バックステッチ
● サテンステッチ
—— ブランケットステッチ
糸を詰めるところ

ビスコーニュ ────

ユニークな形のピンクッションです。ビスコーニュは「不恰好な」という意味。
モチーフのヤドリギは「健やかさ」を意味します。

作品▶P.22
図案▶P.85
できあがり寸法▶6×6cm

材料

◇ 表布　コットンバチスト30×25cm … 1枚
◇ 裏布　コットンバチスト30×25cm … 1枚
◇ わた … 適宜
◇ くるみボタン（白）　直径1.5cm程度 … 2個

作り方

1 - 表布・裏布にアイロンをかけ、表布に図案
　　を写したら、2枚重ねてしつけ糸を5cm間
　　隔でかける。

2 - 図案の通りにステッチを刺し、糸を詰め、
　　洗う（P.48）。

3 - ぬいしろを1cmつけてカットし、1辺の中心
　　の矢印のところに印をつけておく（**a**）。

4 - ぬいしろを裏側に折り、図のように合わせ、
　　コの字とじ（P.57）で縫い合わせる（**b**）。

5 - 同じ数字同士を合わせて、コの字とじで縫
　　い合わせる。⑦まで縫い合わせたら、中に
　　わたを入れて⑧をコの字とじで縫いとじる
　　（**c**）。

6 - ビスコーニュの中心を貫くように長めの針
　　で表と裏2ヶ所にボタンを縫いつける（**d**）。

a.

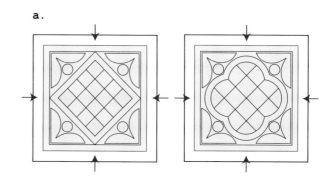

b.

ここからスタート

c.

d.

くるみボタンつけ位置

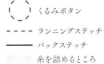

くるみボタン
- - - - ランニングステッチ
——— バックステッチ
糸を詰めるところ

花を入れるバッグ ———

アラン模様を描いたバッグ。アラン模様が漁師のための
ものであったことから、バッグの形は網をイメージしました。

作品 ▷ P.23
図案 ▷ 添付型紙 No.16
できあがり寸法 ▷ 36×20.5cm

【材料】

◇ 表布　コットンバチスト90×35cm … 1枚
◇ 裏布　コットンバチスト90×35cm … 1枚

【作り方】

1 - 表布・裏布にアイロンをかけ、表布に図
案を写したら、2枚重ねてしつけ糸を
5cm間隔でかける。

2 - 図案の通りにステッチを刺し、糸を詰め
る。

3 - 持ち手になる部分はブランケットステッ
チでかがり（P.50）、洗う（P.48）。ステッ
チの外側でカットする（a）。バッグ本体
の菱形部分の端は三つ折り縫いで処理
する（P.48 14〜）。

4 - 半分に折り、バッグが袋状になるように
コの字とじ（P.57）で縫い合わせる（b）。

a.

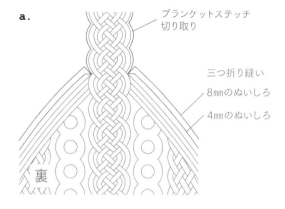

ブランケットステッチ
切り取り

三つ折り縫い
8mmのぬいしろ
4mmのぬいしろ

裏

b.

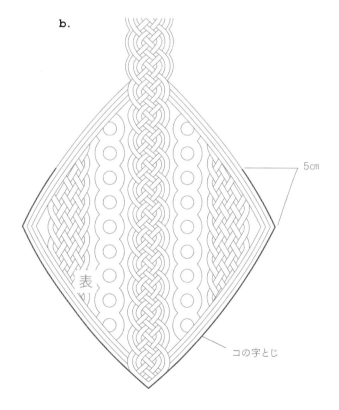

5cm

表

コの字とじ

N° **17**

小さな四角 ———— 小さな敷物としても、ひもを通してオーナメント飾りとしても使えます。

〜ₘₗₗ〜

作品 ▷ P.24
図案 ▷ P.87
できあがり寸法 ▷ 10.5×10.5㎝

材料

◇ 表布　コットンバチスト25×25㎝ … 1枚
◇ 裏布　コットンバチスト25×25㎝ … 1枚

作り方

P.47〜49を参照。

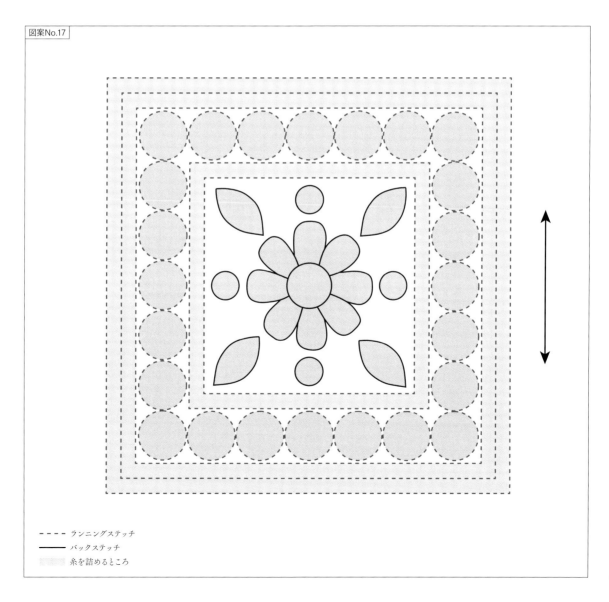

図案No.17

- - - - ランニングステッチ
──── バックステッチ
▨▨▨ 糸を詰めるところ

^{N°}18

植物採集［野ばら］————

時を経て色褪せた植物標本をイメージしました。
ばらはアフロディテの花、美しさの象徴です。

作品 ▷ P.25
図案 ▷ P.88
できあがり寸法 ▷ 11.5×10cm

| 材料 |

◇ 表布　コットンバチスト25×25cm … 1枚
◇ 裏布　コットンバチスト25×25cm … 1枚

| 作り方 | ※野ばら、アネモネ共通。

1- 表布・裏布にアイロンをかけ、表布に図案を写したら、
　2枚重ねてしつけ糸を5cm間隔でかける。

2- 図案の通りにステッチを刺し、糸を詰める。

3- ブランケットステッチで縁をかがり(P.50)、洗う(P.48)。
　ステッチの外側でカットする。

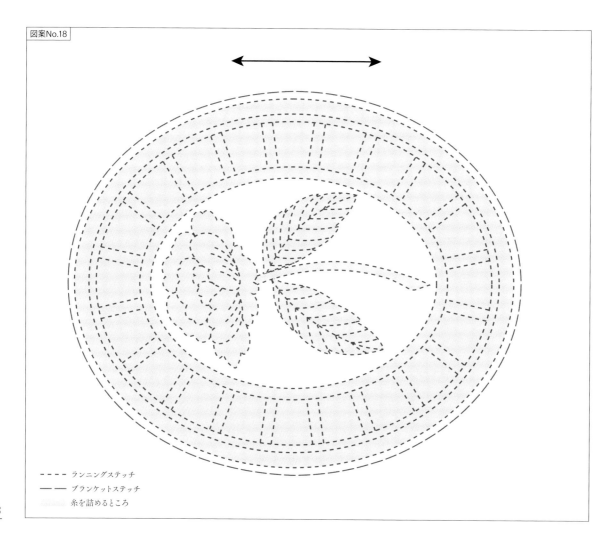

図案No.18

- - - - ランニングステッチ
———— ブランケットステッチ
糸を詰めるところ

N°19

植物採集 ［アネモネ］ ———

アネモネはアフロディテの涙から生まれた花といわれます。
野ばらと対となる作品です。

作品 ▷ P.25
図案 ▷ P.89
できあがり寸法 ▷ 11.5×10㎝

図案No.19

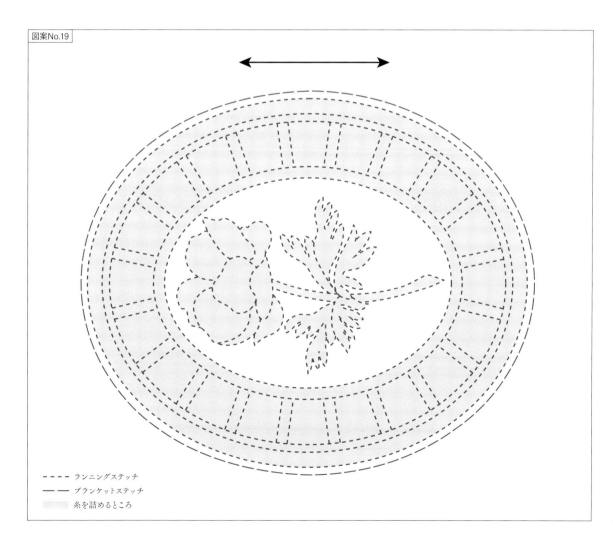

- - - - ランニングステッチ
———— ブランケットステッチ
░░░░ 糸を詰めるところ

テーブルセンター ————

テーブルセンターとしてだけでなく、壁掛けやカバーにも。
水辺に咲く架空の花がモチーフ。

作品 ▷ P.26
図案 ▷ 添付型紙 No.20
できあがり寸法 ▷ 15.5×51cm

材料

◇ 表布　コットンバチスト70×30cm … 1枚
◇ 裏布　コットンバチスト70×30cm … 1枚
◇ ファスナー飾りのタッセル … 2個:
　　長辺11cmの巻き板、できあがりの長さ5cm、
　　DMC 刺繍糸25番B5200 またはBLANC、
　　25回巻き

作り方

1 - 表布・裏布にアイロンをかけ、表布に図案を写したら、2枚重ねてしつけ糸を5cm間隔で付ける。

2 - 図案の通りにステッチを刺し、糸を詰め、洗う (P.48)。ファスナー飾りのタッセル (ループひもは短くする) を作っておく (P.52)。

3 - 三つ折り縫いで縁を処理し (P.48 14〜)、両端の中心の裏側にタッセルを縫いつける。

ペタソン［植物園］————

春のパリ植物園に咲くたくさんの花とアールデコ様式の温室の骨組から着想を得ました。ペタソンはニームやアルルで多く作られた、乳児用のおくるみのこと。椅子やソファにかけたり、小さめの敷物としても使えます。

作品 ▷ P.28
図案 ▷ 添付型紙 No.21
できあがり寸法 ▷ 37.5×37.5cm

材料

◇ 表布　コットンバチスト52×52cm … 1枚
◇ 裏布　コットンバチスト52×52cm … 1枚

作り方

1 - 表布・裏布にアイロンをかけ、表布に図案を写したら、2枚重ねてしつけ糸を5cm間隔でかける。

2 - 図案の通りにステッチを刺し、糸を詰める。フレンチノットステッチはDMC 刺繍糸25番B5200、またはBLANC 3本どり2回巻きで刺す。

3 - ブランケットステッチで縁をかがり (P.50)、洗う (P.48)。ステッチの外側でカットする。

^{No}22

パンかごのためのカバー ─── かごカバーとしてだけでなく、
テーブルセンターなどの敷物にしても。

作品 ▷ P.30
図案 ▷ 添付型紙 No.22
できあがり寸法 ▷ 43.5×25cm

材料

◇ 表布　コットンバチスト60×40cm … 1枚
◇ 裏布　コットンバチスト60×40cm … 1枚

作り方

1 - 表布・裏布にアイロンをかけ、表布に図案を写したら、2枚重ねてしつけ糸を5cm間隔でかける。

2 - 図案の通りにステッチを刺し、糸を詰める。

3 - ブランケットステッチで縁をかがり(P.50)、洗う(P.48)。ステッチの外側でカットする。

^{No}23

ハンカチーフ ─── 特別な日のためのハンカチーフ。コーナーにマーガレットをあしらいました。

作品 ▷ P.32
図案 ▷ 添付型紙 No.23
できあがり寸法 ▷ 24×24cm

材料

◇ 表布　コットンバチスト35×35cm … 1枚
◇ 裏布　コットンバチスト35×35cm … 1枚

作り方

1 - 表布・裏布にアイロンをかけ、表布に図案を写したら、2枚重ねてしつけ糸を5cm間隔でかける。

2 - 図案の通りにステッチを刺し、糸を詰める。

3 - ブランケットステッチで縁をかがり(P.50)、洗う(P.48)。ステッチの外側でカットする。

花嫁のためのポシェット ─────

特別な日の身の回りの品を入れる小さなポシェット。
リングピローとお揃いです。

作品 ▷ P.32
図案 ▷ 添付型紙 No.24
できあがり寸法 ▷ 10.5×18cm

材料

◇ 表布　コットンバチスト35×30cm … 1枚
◇ 裏布　コットンバチスト35×30cm … 1枚
◇ ファスナー飾りのタッセル … 1個:
　　長辺11cmの巻き板、できあがりの長さ5cm、
　　DMC 刺繍糸25番B5200またはBLANC、
　　25回巻き
◇ 玉つきファスナー（白）　30cm … 1本
＊できあがりの長さを測ってからファスナーの長さを決める。

作り方

1 - 表布・裏布にアイロンをかけ表布に図案
　　を写したら、2枚重ねてしつけ糸を5cm間
　　隔でかける。

2 - 図案の通りにステッチを刺し、糸を詰め、
　　洗う（P.48）。

3 - 三つ折り縫いで縁を処理する（P.48 14〜）。
　　ファスナー飾りのタッセルを作っておく
　　（P.52）。

4 - ポーチの口の長さを測り、それよりも1cm
　　短くなるようファスナーの長さを調整する
　　（**a**）。※フラットニットファスナーを使うと、長さ調整
　　が簡単にできる。

5 - 片面にまち針でファスナーを固定し、星止
　　め（P.59）でファスナーを縫いつける。ファ
　　スナーの端はぐし縫いで縫いとめる（**b**）。

6 - もう片面も同様にしてファスナーを縫いつ
　　ける。

7 - ファスナーのスライダーにタッセルをつけ
　　る。

a.

長さを測る

b.

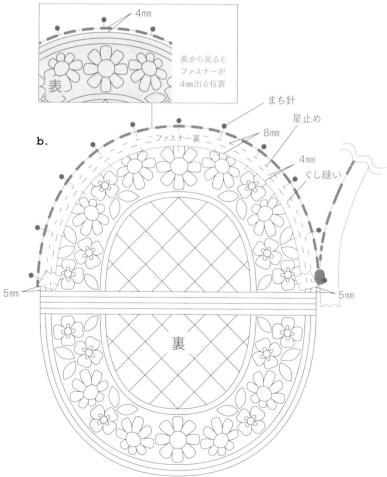

4mm

表から見ると
ファスナーが
4mm出る位置

まち針

星止め

8mm

4mm

ぐし縫い

ファスナー裏

5mm

5mm

裏

表

リングピロー ─────

マーガレットの意味は純粋さ、つがいの鳩は愛を表します。
婚礼に相応しいモチーフをあしらったリングピローです。

作品 ▶ P.33
図案 ▶ 添付型紙 No.25
できあがり寸法 ▶ 23×23cm

材料

◇ 表布　コットンバチスト30×30cm … 1枚
◇ 裏布　コットンバチスト30×30cm … 1枚
◇ わた … 適宜
◇ ベロアリボン（白）3mm幅 40cm … 2本
◇ クッション用布　コットンバチスト13×13cm … 2枚

作り方

1 - 表布・裏布にアイロンをかけ、表布に図案を写したら、2枚重ねてしつけ糸を5cm間隔でかける。

2 - 図案の通りにステッチを刺し、糸を詰める。鳥の目の部分は、糸を詰めた後にフレンチノットステッチ（DMC アブローダー25番 1本どり2回巻き）で刺す。

3 - ブランケットステッチで縁をかがり（P.50）、洗う（P.48）。ステッチの外側でカットする。

4 - 40cmのリボンの中心を、2ヶ所に縫いつける（a）。

5 - クッションを作る。クッション用布地2枚を中表に合わせ、返し口を残して縫い合わせ表に返す（b）。

6 - わたを入れ、返し口をコの字とじ（P.57）で縫いとじたら、クッションの完成（c）。

7 - 本体の裏側にクッションを置き、4でリボンを縫いつけた位置（2ヶ所）に表まで針を通しながらしっかりと縫いつける（d）。

a.
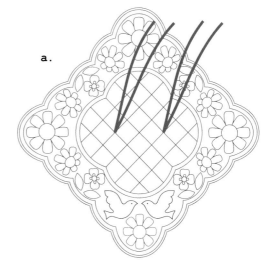

b.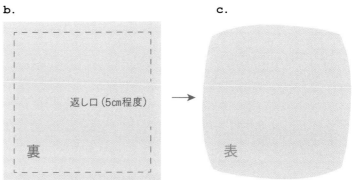
返し口（5cm程度）
裏

c.
表

d.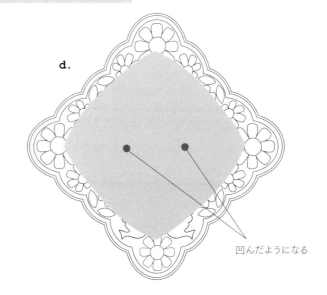
凹んだようになる

おわりに

―

Postface

幼いころ、洋裁をしていた祖母とともにいろ
いろな針仕事やクラフトに親しんできました。
足踏みミシンのカタカタという音を聞きながら、
自由に作った拙いものたちが私のものづくりの
原点です。

大学でフランス文学を専攻し、南フランスの
豊かなテキスタイル文化と出会い感銘を受け
ました。20代の間はあまり針仕事をする時間
はありませんでしたが、ブティを自分の手で作
れると知ったことがきっかけで、幼少のころか
ら好きだった針仕事と大学で学んだフランス
文化が私のなかでつながり、本格的にブティ
を学び始めました。それから長い時間が経ちま
したが、ブティへの憧れは尽きることがありま
せん。

長い歴史のなかでブティは様々な変化を見せ
てきました。
ブティの原型となったトリスタンキルト、繊細な
ピキュール・ドゥ・マルセイユ、幸せへの願い
が込められたブティ、先人たちから引き継いだ

技法を守りながら、その時々の風を吹き込ん
だからこそ、今も人々を惹きつけてやまないの
かもしれません。

伝統の技法を大切にしながら、読者のみなさ
んが自由にブティを作ってくだされば作者とし
てこれ以上うれしいことはありません。

「おわりに」を書くにあたり、美しい手仕事の
世界に私を導いてくださった谷眞佐子先生に
心より感謝いたします。
この本を出版する機会をくださった誠文堂新
光社の玉井瑞木さん、本の隅々まで配慮しま
とめてくださった編集者の佐々木素子さん、ブ
ティのさまざまな表情を引き出して素晴らしい
写真を撮ってくださったカメラマンの衛藤キヨ
コさん、この本を美しく整えてくださったデザイ
ナーの千葉佳子さんに心からお礼を申し上げ
ます。

2024年 夏　おおたにめぐみ

@浅井孝秋

おおたにめぐみ

Megumi Otani

上智大学文学部フランス文学科卒業。武蔵野美術
大学造形学部卒業。2009年より谷眞佐子氏に師事。
2014年渡仏。エコール・ルサージュにてオートクチュー
ルプロフェッショナルコース及び室内装飾刺繍のコー
スを修了。南仏カルヴィソンのLa maison du boutisに
てフランシーヌ・ニコール氏にブティを学ぶ。現在、教
室や通信講座でのブティや刺繍の指導、キットデザイ
ン、メディアへの作品提供、講演会などで活動。

HP: https://megumiotani.com
Instagram: @megumi.otani

Staff

編集_佐々木素子
撮影_衛藤キヨコ
装丁・デザイン_千葉佳子 (kasi)
図案・作り方イラスト_おおたにめぐみ
イラストレーション_ナガノチサト (P.8)
制作アシスタント_矢部葉子
制作協力_森野久美
材料提供_
ディー・エム・シー株式会社 https://www.dmc.com
株式会社フジックス https://www.fjx.co.jp/
横田株式会社 https://www.daruma-ito.co.jp

南フランスの白い刺繍　ブティ

2024年7月12日　発行　　　　　　　NDC 594.2

著　　者　おおたにめぐみ
発 行 者　小川雄一
発 行 所　株式会社 誠文堂新光社
　　　　　〒113-0033 東京都文京区本郷3-3-11
　　　　　電話 03-5800-5780
　　　　　https://www.seibundo-shinkosha.net/
印刷・製本　TOPPANクロレ 株式会社